ediciones carena

MUAKUKU RONDO IGAMBO

EL CAMINO HACIA LA EMERGENCIA DE ÁFRICA

Primera edición: abril de 2021

© Muakuku Rondo Igambo, 2021
© Ediciones Carena, 2021

Ediciones Carena
c/ Alpens, 31-33
08014 Barcelona
T. 934 310 283
www.edicionescarena.com
info@edicionescarena.com

DISEÑO DE LA COLECCIÓN: Silvio García-Aguirre
www.cartonviejo.net
IMAGEN DE LA CUBIERTA: Monte Kilimanjaro,
de David Clode / Unsplash

DEPÓSITO LEGAL: B 7074-2021
ISBN 978-84-18323-42-3

Impreso en España - Printed in Spain

Para mi pueblo y sus playas.
Punta Mbonda. ¡Visítalos!

Índice

África es el continente de las oportunidades. En este siglo XXI, las miradas convergen en África, territorio abonado para las inversiones, los proyectos y las esperanzas.

El economista Muakuku Rondo Igambo ha pergeñado en *El camino hacia la emergencia de África* un relato en el que cuenta más lo positivo que lo negativo. Se anticipa a los problemas, que han de ser vistos como retos, y coloco en su justo orden las prioridades del continente. Mukuku reconoce los errores, pero no duda en resaltar los aciertos, que son muchos.

África no son solo guerras, algo que de alguna manera queda en el subconsciente, a tenor de los conflictos que han larvado el siglo XX.

África ya no son las guerras, África son también los micronegocios, los intercambios de ideas, las vanguardias.

África ya no son las hambrunas, ni siquiera los éxodos.

África es la juventud emprendedora que ha hecho de su casa su taller. Las nuevas generaciones que apuestan por cultivar y cultivarse sin salir del territorio.

África es un canto de amor y respeto.

El camino que menciona el autor no está exento de escollos. Aun así, es un camino que valdrá la pena recorrer.

JESÚS MARTÍNEZ
Periodista

Introducción

El camino hacia la emergencia económica de África es una visión optimista que los políticos africanos tratan de insuflar a sus respectivas poblaciones. Es un reflejo del grado de satisfacción personal que estos pretenden transmitir como consecuencia de los avances en el crecimiento económico de sus respectivos países; quieren compartir dicha euforia con su población. Un discurso que va calando y va siendo compartido entre nosotros, sus compatriotas. Pero antes de entrar en materia, en lo que verdaderamente significa ser país emergente económicamente y cuáles han de ser las condiciones previas para ello, hay interrogantes que se nos plantean.

La primera cuestión es si los discursos políticos están evaluando con rigor los sacrificios aún latentes en sus poblaciones y que tardarán en ser mitigados —a menos que se cambie la dinámica en la gestión política-económica de estos países— o si se trata simplemente de hacer una comparativa entre el ayer de la década de las independencias (1960) y el hoy a partir de 2010, de las décadas de cambios significativos en las respectivas producciones interiores brutas, y desde este balance positivo, sin más cautelas, asegurar que ya mismo seremos emergentes.

La otra cuestión es si, reconociendo como hecho cierto los esfuerzos que se están realizando en las infraestructuras de base en varios países de África subsahariana (y, en algunos casos, más de los que en esta primera fase deben hacerse), será la ambición o la aspiración de los dirigentes la que nos lleve a los africanos hacia la emergencia sin más, o si es necesario acompasar estas aspiraciones con una buena gestión de la *cosa común pública*.

Porque las infraestructuras, absolutamente necesarias para sostener la primera fase hacia nuestro desarrollo, por sí solas, si no fueran acompañadas de una economía productiva y sostenible, conllevarían un coste de mantenimiento tan elevado que, con el tiempo, acabarían siendo una verdadera carga para los presupuestos estatales o, en el peor de los casos, terminarían siendo inversiones improductivas, o sea, una ruina. Una selección cuidadosa de estas infraestructuras y su adecuada programación requiere un trabajo de sensatez, y no tanto un trabajo de cara a la gradería con obras pomposas descuidando la educación o la sanidad, por ejemplo, que son las garantías de la sostenibilidad para esa pretendida emergencia.

Avanzando con las interrogantes caben tres más, al menos. ¿Será posible alcanzar la ansiada emergencia con los niveles actuales tan altos de la economía informal? Recordemos que esta economía no aflorada representa casi el 39 por ciento del conjunto de la actividad económica en África subsahariana. A pesar de que algunos analistas africanos la consideren como «el resultado de un genuino movimiento hacia la autogestión africana», particularmente no puedo estar de acuerdo con esta afirmación, porque «su eficacia tiene relación directa con la violación de las leyes gubernamentales, sin que necesariamente tengan un contenido estrictamente criminal». Un Estado que es incapaz de controlar casi el cuarenta por ciento de su actividad económica difícilmente puede cimentar su desarrollo desde tal desorden, porque la insolvencia redistributiva del Estado en casi el 40 % de las rentas generadas por el país no puede de ninguna manera considerarse como logro hacia la emergencia. Así lo sostuve en mi libro *Crisis y capitalismo en el tercer mundo* (pág. 82). Únanse a esta preocupación otras dos no menos dramáticas: la corrupción y la evasión sin retorno de capitales hacia los paraísos fiscales. Fortunas de todos saqueadas y «donadas» en cuentas opacas en el extranjero, que ni ellos mismos ni sus herederos disfrutarán jamás. Pero no importa. La cuestión es privar al conjunto de la población del reparto equilibrado de los beneficios de todos. Es su manera de sentirse útiles y felices. La corrupción y la evasión de capitales no cesan de ir en aumento a medida que se incrementa la producción interior bruta de los países africanos. Son el reflejo de la insolvencia de los Estados por poner remedio a estas lacras. En este juego todos somos responsables: políticos, intelectuales, profesionales, población en general.

Posiblemente es así como vivimos hoy en día en África. Nuestras satisfacciones personales determinan el grado de nuestros esfuerzos. Aferrarse a ellas, sin preocuparnos de los sacrificios colaterales, marca nuestras ambiciones. Es cierto que toda persona tiene —entre otras cualidades— una ambición innata bien entendida como aspiración y deseo por mejorar y sentirse realizado como persona. Sin embargo, un mal uso de esta no nos permite ser «felices». Ese es el caso, por ejemplo, de aquellos que acaban amasando tanta fortuna, pero que al final no saben ni tienen con quienes disfrutarla. Esta es la ambición negativa, la que nos impulsa a querer más de lo que realmente necesitamos, de llenar un vacío o el deseo de obtener algo más grande todavía. No nos permite reflexionar sobre nuestra función social, la de ser unos servidores para la sociedad en la que somos gobernantes o parte.

Cuestión diferente es que, como es sabido, por ambición y sin conformismo el hombre ha forjado su libertad y empoderamiento. Por ambición y convicción los países han fraguado su autodeterminación y desarrollo. Pero también con un buen empleo de sus recursos, potencialidades y participación colectiva. Posiblemente sea esta regla elemental la que se impregna en la nueva África que se nos avecina. Un África que empieza a creer en sí mismo, porque poco a poco va dejando atrás los estereotipos del ayer. Se va olvidando de su pasado esclavo y colonial hasta neocolonial, y, tras casi seis décadas de confusión, dictaduras internas, guerras y genocidios étnicos, está poniendo en valor sus capacidades y cimentándose rumbo hacia su «emergencia» o, mejor dicho, hacia su autogestión económica. Este largo y escabroso viaje hacia su empoderamiento económico requerirá, sin embargo, un proceso de transformación profundo de sus actuales estructuras socioeconómicas y políticas. Es aquí donde el cambio de mentalidad será fundamental en cada uno de nosotros y la contribución de todos será esencial, circunscrito siempre en cada país. Mientras tanto, el debate está servido. Porque África ya se ha puesto en marcha y las opiniones, propuestas, reflexiones y teorías sobre su evolución y emergencia inundarán el debate político e intelectual.

En este contexto, este libro es una contribución más, o al menos eso espero. Trata de analizar las posibilidades de un África emergente a medio plazo y sus factores determinantes. Está subdividido en cuatro partes. En la primera se centra sobre el pasado esclavista y colonial de África y en sus primeras décadas independientes. Pretende describir en términos de síntesis, pero ilustrativos, el ayer de África y el titubeo de las tres primeras décadas independientes marcadas de convulsiones políticas. La segunda parte procura avanzar históricamente sobre los indicios de la autogestión africana: sus logros, dificultades y desafíos. La tercera parte analiza los cambios que se vienen produciendo desde la década pasada que atiborran al escenario político de tanto optimismo emergente. Mientras que la última parte se recreará sobre unas reflexiones globales y selectivas, no excluyentes, del camino hacia la emergencia económica del África.

PRIMERA PARTE

1.1. El origen

Por supuesto que con este capítulo no se pretende descubrir cuál es el origen de África como continente, pues es el mismo que el de los demás continentes, tanto desde el punto de vista de la génesis bíblica como desde el fundamento científico. Todos coinciden en señalar que en un principio hubo una única masa de tierra. Dios creó la tierra y no los continentes. Desde aquí, la ciencia ha ido desarrollando diversas teorías para explicar el origen o la segmentación de la Tierra en continentes. Entre ellas está la teoría de la deriva continental de Alfred Wegener, según la cual una acción centrífuga originada por la rotación terrestre fragmentó la Tierra inicialmente en dos bloques o continentes: África y Sudamérica. Pero esto corresponde al ámbito de otro tipo de trabajo.

Tampoco nos vamos a entretener en el estudio de su denominación, pues hay abundante bibliografía que asegura que esta se remonta a la presencia de los bereberes (antiguos habitantes del norte de África), que lo llamaban *avriga* o *afri,* y que a partir del siglo XVI pasó a generalizarse como *África.*

Lo que sí reclama mi atención, en la primera parte de esta obra, es saber cuándo surge la preocupación y ocupación por el comercio en África, qué se comercializaba allí, cuál era su mercado y, sobre todo, cómo fue su auge y el porqué de su decadencia. Su primera muerte o derrota, como diría mi amigo, escritor camerunés, Inongo-vi-Makomé. Tal vez estas cuestiones nos ayuden a comprender la posición actual de África en el contexto mundial, siempre desde una perspectiva económica, cuestión que se abordará en el segundo capítulo.

Haciendo historia, las hemerotecas occidentales señalan a África como la cuna de la humanidad. África, el origen de todo: la humanidad comenzó en la sabana africana y se diseminó por toda la Tierra. Allí es donde se dieron lugar los primeros seres humanos (*Homo sapiens*), que luego se expandieron por el resto de los continentes. Donde se inició la civilización desde los egipcios, después los fenicios, los romanos, los árabes... hasta la colonización occidental, y también el comercio, desde el oeste hacia el centro del continente africano. En el siglo I a. C. floreció una actividad comercial diversa (de esclavos, marfil y oro) por toda la región. Ya en el siglo VII, el comercio entre el África blanca y el África central era total, y se consolidó aún más con el Imperio Kanem-Bornu (siglo XIII). Todo empieza a cambiar a partir de la presencia de Occidente durante la segunda mitad del siglo XV, concretamente desde 1441, fecha que marca el inicio del comercio de esclavos con Europa y América desde la actual Mauritania. Pero no es hasta mediados del siglo XIX cuando fuerzas occidentales empiezan a conquistar el interior del continente africano y a someterlo. Hasta entonces solo algunos establecimientos comerciales europeos se encontraban en las costas africanas. El estrago causado por las enfermedades tropicales, fundamentalmente la malaria, era el gran obstáculo para los invasores occidentales, hasta el descubrimiento de la quinina. A partir de entonces Occidente hizo y deshizo África a su antojo. La esclavitud, la colonización y la neocolonización (posindependencia), los programas de ajuste estructural, los respaldos a los gobiernos intransigentes africanos y los desafortunados programas de cooperación son algunas de las dificultades que los países africanos han tenido que ir sorteando hasta ahora.

Una reflexión crítica y retrospectiva nos permite concluir que la hegemonía civilizadora, cultural y económica de África no estuvo acompañada de una innovación tecnológica y, sobre todo, de un poderío militar. Por aquellas épocas y hasta hace poco, los grandes imperios se forjaron fundamentalmente gracias a un poder militar y a partir de un proyecto de nación o Estado muy fuerte. Así las cosas, era más fácil consolidar la acción mercantil desde un poder militar sólido que respaldara el Estado, a la ciudadanía y sus intereses. De hecho, sigue siendo así hasta hoy. La seguridad de las naciones y la de su ciudadanía (la política) es lo que garantiza hoy la libertad empresarial de los países desarrollados. Esto no fue así para África. Digamos que África no pudo (ni supo) defender su mayor activo porque le faltó ese poder. La presencia de varios reinos territoriales e inconexos no permitió concebir Estados potentes. Ello es así que, en cuanto se consolidó la penetración y el asentamiento de Occidente en África, por la fuerza, se acabó sometiendo a los reinos africanos sin mayores resistencias. A partir de ahí, todo fue fácil para Occidente. Su voluntad se extendió hasta donde alcanzaba el repicar de sus fusiles.

En Europa, configurados los Estados nación, la necesidad de proveerse de mercados nacionales más potentes y de preservar sus hegemonías los impulsó a forjar imperios salvaguardados por una maquinaria militar persuasiva. Con ella, la conquista de otros mercados fue posible. Así, las dos grandes potencias europeas dominantes del momento (Gran Bretaña y Francia) y, en menor medida, Portugal y Bélgica irrumpen en África con relativa paz, hasta la aparición de Alemania. A partir de entonces, la expansión de Europa por África en busca de proveerse de las materias primas necesarias para afrontar los retos de la primera Revolución Industrial europea empezó a crear problemas entre los propios países europeos. Con el fin de resolverlos y asegurarse la expansión pacífica por África entre ellos y la gratuita provisión de insumos, el canciller de Alemania, Otto von Bismarck, aceptó la propuesta de Inglaterra y Francia para organizar en Berlín la conferencia para el reparto del pastel africano, entre el 15 de noviembre de 1884 y el 26 de febrero de 1885. Con la conferencia, África quedó a merced de Francia en un 34,05 %, aproximadamente 9 785 000 km^2; de Inglaterra en 28,05 %, aproximadamente 8 072 000 km^2; Italia se adjudicó el 11,75 % del territorio (33 379 000 km^2); Alemania se conformó con el 9,43 % del territorio, unos 2 708 000 km^2; y, pese a todo, mucho había ganado Alemania teniendo en cuenta su pérdida de poder por aquellos entonces. Bélgica tuvo que aceptar el 8,30 % del territorio, aproximadamente 2 385 000 km^2; Portugal se conformó con el 7,24 %, unos 2 078 000 km^2, y España, la segunda gran damnificada después de Portugal, se consoló con tan solo el 1,18 % del territorio, unos 341 000 km^2. África, que hasta 1879 controlaba el 90 % de su territorio y recursos, vio cómo el poder militar occidental, en apenas media década, se había adueñado de todo su patrimonio, historia y futuro.

Ya en 1914, la ocupación era casi total. Dos hechos marcaron este rápido cambio. Por una parte, África, pese a ser numerosa en población, no pudo resistir contra los occidentales, pocos en cantidad pero pertrechados en las contiendas con nuevas armas de fuego, intimidación y sometimiento. Sus fusiles de repetición y su artillería de campaña (contra las lanzas, piedras y hechicerías africanas) fueron sus mejores aliados. Por su parte, los europeos, gracias al descubrimiento de la quinina (profilaxis contra el paludismo y la malaria) pudieron resistir mejor todas aquellas enfermedades que hasta entonces eran sus mayores amenazas. África, que no se había repuesto del azote que supuso la esclavitud de sus pueblos costeros, acababa de sufrir su segunda gran derrota, siempre haciendo mías las palabras de Inongo-vi-Makomé. Digamos que había muerto otra vez a manos de los occidentales, venidos a colonizadores. Tocaba resucitar o transformarse en otra cosa.

Mientras tanto, y a partir de entonces, cada metrópoli administró sus territorios a su parecer, pero todos con un denominador común: «África no estaba en condiciones de desenvolverse por su propia iniciativa, sino administrada de la mano de su correspondiente metrópoli». Con esta básica, África será conducida por sus amos occidentales hasta las autonomías, antesala de las independencias. Es entonces cuando, sobre todo las cuatro potencias (Francia, Inglaterra, Portugal y Bélgica), símbolo del imperio colonial en África, se preocupan por aleccionar políticamente a sus colonias, con programas educativos y proyectos de desarrollo específicos. Así, tanto los portugueses como los belgas solo se preocuparon de formar a sus colonias hasta el nivel primario, razón por la cual a los colonizados les resultó más difícil asimilar las tareas administrativas. De manera contradictoria, aunque aparentemente Portugal consideraba a los habitantes de sus colonias como portugueses nativos al igual que los de la metrópoli, la realidad era otra. Solo consideraron a sus indígenas (una denominación abolida por los portugueses) como meras mercancías y, en el mejor de los escenarios, como soldados. Administraron sus colonias como feudos agrícolas por algunos terratenientes portugueses. Contrariamente a las portuguesas, las colonias francesas e inglesas recibieron formación más avanzada, incluso a nivel superior, que permitió a sus indígenas asimilar mejor las tareas administrativas y de gestión de las corporaciones locales. Los franceses, por ejemplo, establecieron el sistema de *communes* como órganos de representación local del gobierno metropolitano. Un tipo de ensayo democrático desde las bases para que, a medida que las autonomías iban llegando a su fin, cada territorio decidiera su forma de autogobernarse. Por supuesto que todos apostaron por la independencia. Los ingleses, por su parte, optaron por dos vías: para los territorios occidentales de África, donde los británicos poseían el estatus de residentes temporales, prefirieron instalar gradualmente gobiernos locales «democráticos» semejantes a los de Occidente y, paulatinamente, el gobierno iba siendo entregado a consejeros legislativos. Para los territorios orientales, donde los británicos poseían el estatus de residentes permanentes, prefirieron establecer gobiernos multirraciales con representación equilibrada. España, en sus territorios del golfo de Guinea, propuso un sistema a medio camino entre las *communes* francesas y el sistema establecido por los ingleses en sus colonias occidentales: dos gobiernos, uno en cada provincia (Fernando Poó y Río Muni), como órganos administrativos.

En lo económico, muy pocas diferencias. La necesidad de proveerse de materias primas y víveres para los países europeos —que se estaban industrializando por una parte y que, por otra, entraron en guerras mundiales— pedía explotar su nueva cantera de insumo. Las colonias africanas debían suministrarles suficientes materias primas y la fuerza de trabajo que demandaban, y también efectivos militares para las dos guerras mundiales. Desde entonces la actividad productora de África fue orientada hacia productos tales como el aceite de palma, algodón, cacao, café, caucho, diamantes, estaño, madera, oro, etc., con un único destino: el mercado de la metrópoli. Un dibujo de participación periférica y dependiente de África en la economía mundial que se pretende perpetuar hasta hoy.

A medida que se aproximaba el fin de las autonomías, las metrópolis entraron de lleno en una carrera por diseñar y ejecutar proyectos de desarrollo y de bienestar para sus colonias, todos sostenidos por las ayudas de las correspondientes metrópolis y en parte con los ingresos procedentes de las materias primas exportadas. El último tramo autonómico africano estuvo marcado por el deseo colonial de maquillar una desastrosa realidad y por el afán de equipararse al mismísimo Dios creador de África. Como dijera Juan María Bonillo Rubio: «El que coloniza, si coloniza con el alma limpia, el corazón puro y el ánimo desprendido, siéntese a la vez un poco creador y un poco maestro»[1]. Con esta premisa, todos se apresuraron en diseñar planes de desarrollo económico-sociales para sus colonias, que les permitieran afrontar por medios y capacidades propias su futuro inminente e incierto. Ninguno de ellos tuvo continuidad solvente tras las independencias, porque fundamentalmente faltó capital interno y capacitación humana suficiente.

[1]   Véase Juan María Bonillo Rubio 17/12/1946.

1.2. El colapso de los estados poscoloniales africanos

Los países africanos se independizan sin un modelo político ni económico bien definido. De hecho, en un principio, casi todos reprodujeron las estructuras de sus correspondientes metrópolis, las cuales casi les habían abandonado a su suerte a las primeras de cambio. Solo Inglaterra y Francia habían organizado sus colonos en torno a unas estructuras económicas paternalistas. Para las excolonias inglesas, la Commonwealth, una comunidad de preferencias aduaneras entre los estados miembros, no extensible a terceros, basada en la unión monetaria y con la libertad de circulación de bienes y factores productivos. Por su parte, Francia creó para sus excolonias la Comunidad Financiera, una especie de zona franca como marco idóneo para encauzar un mercado interno entre ellos, tutelado desde Francia. El franco CFA es el símbolo de esa unión monetaria. A pesar de que la misma Francia, por los acuerdos de la Unión Europea pasara del franco francés al euro, sus colonias deben seguir manteniendo el símbolo de la moneda imperial. A diferencia de las excolonias inglesas, las francesas accedieron a las independencias con unos acuerdos que permitían a Francia tener un control casi absoluto sobre los recursos de sus excolonias, especialmente el subsuelo y la gestión aeroportuaria. Y las empresas francesas tienen por ello —hasta hoy— prioridad en la adjudicación de contratos para cualquier explotación minera. Hay quienes incluso llegan a afirmar la pertenencia francesa del subsuelo de sus excolonias a partir de medio kilómetro de profundidad. Igualmente, de sus mares a partir de una milla, además de la obligatoriedad que tienen estos países de mantener buena parte de sus depósitos bajo el estricto control del Tesoro francés, como analizaremos más adelante. Siendo así, las excolonias francesas de África seguirán siendo dependientes económica y financieramente de Francia, mientras tanto no puedan controlar sus recursos naturales y, lo que es peor, su masa monetaria. Su desarrollo socioeconómico seguirá a merced de los programas estratégicos de Francia. Para asegurarse de ese control absoluto, Francia establecería bases militares por todos esos dominios. Una estructura que le sigue permitiendo ser el *gendarme* del África francófona hasta hoy. Intervendrá con autoridad militar en los conflictos políticos y armados de sus colonias africanas, establecerá la «paz» e impondrá al presidente de su conveniencia: aquel que sintonice y no ponga en peligro el pacto poscolonial. Así fue durante los periodos de las dictaduras, donde los golpes de Estado y las guerras tribales eran las variables que retroalimentaban el orden impuesto por Francia. Y así sigue siendo en lo que va de esta nueva época democrática de África. Pasó en Costa de Marfil durante el conflicto electoral entre Watara y Bagbó, que desembocó en una guerra civil y, recientemente, en Gabón con el recuento de votos electorales entre Alí Bongo y Jean Pin. En los dos casos, la conveniencia francesa se impondría a favor de los primeros.

En ambos casos (Commonwealth y Comunidad Financiera) estamos ante estructuras inoperantes toda vez que no era posible un mercado común entre las excolonias porque las comunicaciones terrestres y telefónicas entre ellas eran inexistentes, incluso en el interior de cada país. Sin ellas, era imposible armar un comercio consistente con sus metrópolis que no fuera de materias primas con interés en el partenariado. En esto sí que pudieron tejer redes fluviales, senderos y redes de ferrocarriles que llevasen las materias primas hasta los embarcaderos marítimos más próximos para que desde allí sus buques hicieran el resto.

En lo político, los nuevos Estados reprodujeron las constituciones a imagen y semejanza de sus colonos. La democracia, la defensa de la igualdad, la unidad nacional y todas aquellas frases tan fáciles de pronunciar, como tan imposibles de cumplir, al menos para esa África de entonces. Un discurso prooccidental que duró bien poco. A los pocos meses de la independencia, el colono se llevó con él su estructura productiva, sus habilidades administrativas y sus comodidades. Poco después también sus promesas de seguir ayudando al sostenimiento de los presupuestos de mantenimiento del aparato administrativo de los países recientemente independizados. Acababa de empezar la era de la peregrinación africana hacia las antiguas metrópolis en busca de ayudas económicas. Para ello, había que suplicar y prometer fidelidad eterna para seguir recibiendo donativos. A pesar de ello, las ayudas no acababan de llegar en cuantía suficiente. Los presidentes de los nuevos Estados empezaron a sentir la impotencia de no poder atender las necesidades de sus pueblos, hambrientos de libertad, de desarrollo y de las comodidades prometidas por sus dirigentes hasta hacía bien poco. Dos circunstancias parecen haber marcado este desamor. Por una parte, la insolencia de los nuevos líderes africanos, que creyeron que su nuevo estatus y el de sus países quedaban automáticamente equiparados a los de los presidentes y países occidentales y que el tuteo y el respeto ya eran mutuos. Se equivocaron. Por otra parte, Occidente entendía que seguía siendo el dueño de África y que el paso hacia las independencias solo era un trámite, respetando las recomendaciones de las Naciones Unidas. No estaban dispuestos a compartir la mesa de las decisiones con los que hasta hacía bien poco eran sus esclavos y, sobre todo, cuando ese niño, recién cumplida la mayoría de edad, todavía vivía al amparo de su padre Occidente, de quien dependía para casi todo. Habría que marcar territorio. Un primer paso era cerrándoles el grifo de liquidez para ahogarles desde sus previsiones presupuestarias de ingresos. Era necesario cortarles la línea de flotación porque con ello llegarían las inestabilidades políticas, como así sucedió. África no tardó en entrar en barrena y los dirigentes africanos no tardaron en culpar del bloqueo a sus metrópolis. El desafecto se acentuó y algunos países no esperaron más y fueron en busca de ayudas alternativas en los países comunistas o se abrazaron a la política de no alineación. A mi modo de ver, su indefinición en plena era de la Guerra Fría fue lo peor que le pudo haber pasado a África. Ni estaban con Occidente ni con los comunistas, en teoría. Pero jugueteaban o mendigaban en los trasteros de los dos. Así, ni los occidentales les proporcionaron soluciones consistentes, porque no se fiaban o no les interesaba, ni los comunistas fueron los salvadores de la nueva patria África, porque tampoco tenían nada más que ofrecer distinto a las armas descafeinadas y todo su engranaje comunista parejo.

Con este panorama, la improvisación, la ambición por el poder y el desbarajuste se instalaron en casi todos los países africanos. Estamos en un escenario en el cual ninguna de estas naciones africanas recién independizadas estaba en condiciones de garantizar unas condiciones mínimas de vida para una población necesitada de casi todo. Haciendo historia, la mayoría de los dirigentes africanos que llevaron a sus países hacia las independencias eran líderes políticamente preparados e incluso intelectuales contrastados, buena parte de ellos. Ahí tenemos a los Nkrumah, Lumumba, Sankara, Senghor, Nyerere, y otros. Tenían una visión clara de lo que querían para sus países, en particular, y para el conjunto de África. Posiblemente les faltó tiempo para preparar a sus respectivos países carentes de educación, sanidad, infraestructuras. Digamos que los presidentes africanos, a falta del poder económico para desarrollar sus programas, viraron sus soflamas con tintes de divinidad o creadores de la patria, como poco, y se hicieron vitalicios. Entendieron, y así se lo recordaban a sus poblaciones, que todo era creación de ellos y sin ellos, sería el fin. Nkrumah, por ejemplo, no dudaba en recordar a su pueblo ghanés que él era su «*Osagyefo*», o sea, el creador de Ghana. Y como él otros tantos presidentes. A pesar de ello, las urgencias de sus pueblos, las ambiciones de poder de los otros (avivados desde el exterior) pronto se tradujeron en golpes de Estado militares. Rápidamente estos intelectuales y estadistas africanos fueron sustituidos por militares, quienes, sin formación política alguna ni idea clara de lo que habría que hacer con sus países, centraron su objetivo en aniquilar a la élite africana y perpetuarse en el poder. En tales circunstancias todos se agarraron en desarrollar políticas de enclave. Pero las promesas de un mundo mejor con las mismas comodidades de las que ostentaban los blancos no llegaban. Cada presidente de turno se atrincheró con su clan étnico. Arropados por ellos, y para garantizarse el poder, les permitiría todo tipo de fechorías e impunidades. Era el inicio de la corrupción. Un matrimonio de conveniencias entre el jefe tribal (venido a presidente del país) y sus parientes étnicos, convertidos en guardia pretoriana y perfecta maquinaria de terror a favor del jefe. Mientras que el uno era consciente de la lealtad de su élite militar (porque sin él ¿qué más sabían o podían hacer estos?), ellos, por su parte, eran conocedores de su importancia capital para la perpetuidad en el poder del presidente. Y entre ambos se repartieron la cuota corruptiva. Y es así como, a los pocos años (meses en algunos países), apareció y se acentuó la rapiña y la extorsión y, con ellas, la división de clases. Unas regiones (incluso clanes o familias) pasarían a monopolizar todo el poder a la vez que la mayoría abnegada clamaba mejor reparto de este. Mientras se acentuaba el desaguisado en todas las esferas (político-económico y social), casi todos los dirigentes africanos se abrazaron al socialismo para tapar sus incapacidades por gestionar la pluralidad étnica. El discurso de que todos somos africanos, somos la misma cosa («bantúes», diría Leandro Mbomio), y que solo el europeo nos separó pareció ser lo más fácil. En consecuencia, creyeron que la única vía para reagrupar los rebaños étnicamente dispersos de los diferentes países y naciones bantúes era desde el socialismo. Se asoció al bantú con la uniformidad hacia el fango o sinónimo de salvajes. Un escenario en donde las estructuras hacia las libertades, la atomización de la persona, el juego social o los consensos no tuvieran cabida. Pero ¿quiénes eran o son esos bantúes?, me pregunto. Porque muchos no se identifican con eso. El autor de este libro desde luego que no. No estando de acuerdo con Darwin respecto de la evolución humana, menos pudiera estarlo con esa corriente de una igualación hacia abajo. Sin «altura de miras», tal y como diría un político ecuatoguineano. Una arenga que sin duda hizo muchísimo daño al África de entonces, porque castigó en demasía la fuerza del diálogo, el empoderamiento de las personas y, lo que es más fuerte, premió el clientelismo y la adulación.

Las sociedades desarrolladas, a las que pretendemos tomar como ejemplo hacia nuestra emergencia, se han forjado precisamente a partir de las capacidades de las unidades atómicas de todas y cada una de las personas que las componen y no desde esa igualación horizontal banturesca. Sin embargo, el África de entonces quiso iniciar su caminar desde un socialismo vetusto y trasnochado basado en el hecho bantú. Y con ese basamento teórico se instala el socialismo en África, desde principios de la década de los setenta del siglo pasado, desde diferentes versiones.

a) Kwame Nkrumah, de Ghana y máximo defensor del socialismo en África, apostó por un socialismo marxista en su país. Lo denominó *socialismo ghanés*. Un sistema para entonces calificado como raro porque pretendía cohabitar con los valores marxistas en lo social-político y con planteamientos capitalistas en lo económico. Algo parecido a la China actual.

b) Léopold Sédar Senghor implantó en Senegal el *socialismo democrático*. Es decir, un modelo de convivencia que tuviera en cuenta aspectos culturales, económicos y sociales del país, decía. La agricultura debería ser la base del bienestar de la población y del desarrollo del país.

c) En Kenia, Jomo Kenyatta defendió lo que él mismo bautizó como *socialismo africano*, que descansaba sobre valores culturales y tribales y en la cooperación tribal, pero sin abandonar principios capitalistas en lo que fuera necesario. Así propuso nacionalizar lo que consideraba nacionalizante, que fue todo. Todos los sectores económicos pasaron a ser controlados desde el Estado.

d) Los tanzanos, con Julius Nyerere, apostaron por el socialismo comunitario, contrario a la sociedad de clases y defensor del comunitarismo. Lo llamaron *Ujamaa*. Con esta política se nacionalizaron todas las infraestructuras abandonas por los extranjeros y a la población habría que educarla desde bases de la solidaridad africana.

e) Zambia, por su parte, apostó por lo que llamaron *socialismo humanista*. Su presidente, Kenneth Kaunda, lo defendió porque incorporaba valores morales y espirituales a la sociedad. El Estado debe intervenir en la economía para humanizar los procesos productivos. «Hay que dejar a Occidente con su tecnología y a Asia con su misticismo e inspirarnos en el comunalismo de la sociedad tradicional negroafricana, fundamentada en la ayuda mutua, trabajo común, el desconocimiento de las clases sociales y de la explotación del hombre por el hombre»; estas eran las recetas de Kaunda en su visión del socialismo humanista.

f) Mobutu Sese Seko, en la República Democrática del Congo, apostó por el *socialismo científico*. Lo llamó *Salongo*. Un sistema de solidaridad que imponía a la vez el trabajo forzoso para revitalizar la agricultura y garantizar la igualdad y el consumo interno de la producción agraria. Con Francisco Macías Nguema, Guinea Ecuatorial optó por el mismo esquema. El reclutamiento forzoso de la mano de obra para la producción de cacao en Bioko, en sustitución de la mano de obra nigeriana, o para la finca de alimentos de Oveng son claros ejemplos de este tipo de socialismo a lo mobutesco, pero sin consideraciones científicas porque ya se había llevado por delante a toda la exigua clase elitista del país. Otros países como Burkina Faso, Somalia, etc., y las excolonias portuguesas igualmente se decantaron por este socialismo científico, donde el discurso marxista-leninista era el denominador común, sin abandonar posiciones capitalistas en lo económico.

En definitiva, el África recién independizada se había socializado en apenas un decenio con un intervencionismo ejemplar en los sectores claves de la economía, que sin embargo no pudo garantizar los niveles mínimos de producción de los años preindependencia.

Todo este pensamiento político socialista entendía a África desde la convencionalidad homogénea: «todos africanos y todos bantúes; por lo tanto, todos socialistas». Pero, en realidad, nada tienen que ver los zulús de Sudáfrica con los calabás de Nigeria; los masáis-mara de Kenia con los wolof de Senegal; los pobladores de la región del Sahel con respecto de los residentes en el África tropical. Unos países con más recursos que otros; unos con infinidad de tribus y subtribus sin una clara idea de Estado nación (sobre todo los colonizados por Francia y Bélgica), mientras otros ya estaban camino hacia esa concepción unificadora (las colonias anglófonas), etc. Pretender homogeneizar toda esta tela de araña al abrigo de un socialismo era, sencillamente, un esfuerzo estéril de generosidad.

A esta generalidad, caben pocas excepciones. Una excepción ɩ es la de Costa de Marfil. Su presidente, Houphouët-Boigny, entendió desde el primer día que el modelo socialista, como «manifestación de nuestra solidaridad africana, no podría ofrecer el desarrollo económico deseado para África». Que «la solidaridad entre pobres, desde el socialismo económico, no nos permitirá sortear nuestras penurias». Percibió desde un principio que solo con la agricultura tradicional para la exportación había escasa posibilidad de supervivencia. «Por muy importante que sea en la economía de nuestro joven Estado la agricultura de exportación no podrá ella sola permitirnos franquear el umbral del subdesarrollo», decía en referencia a su país. Y no se equivocó. La constante reducción de los precios de las exportaciones agrícolas unida al aumento del precio de los insumos traídos desde Occidente, además de la proliferación de productos sustitutivos, acabó dándole la razón. Desde estas reflexiones, Houphouët-Boigny apostó desde el principio por una política liberal en lo económico, basada en la diversificación económica y en la apertura del mercado exterior. Cierto es que en los primeros años había conseguido un determinado nivel de equilibrio social y económico, hasta que se desataron los enfrentamientos entre los musulmanes (norteños) y los sureños cristianos. Nigeria es otro de esos pocos países africanos que, como Costa de Marfil, apostó siempre por el liberalismo. Los resultados de su apuesta desde entonces son el reflejo de lo que se está gestando ahora en Nigeria y sobre lo que volveremos más adelante.

Mientras ensayaban sus respectivos modelos socialistas locales, también intentaban forjar una estructura política que reforzara la unión de todos los países africanos y que, de paso, sirviera como su verdadera manifestación de autodeterminación.

De esta manera los dirigentes africanos crearon en Adís Abeba (Etiopía), el 25 de mayo de 1963, la Organización de la Unidad Africana (OUA) y de paso remplazaron la extinta Unión de Estados Africanos, disuelta justo un año antes. Una organización cuyos objetivos fundacionales se podrían resumir en *a*) reforzar la unidad y la solidaridad de los Estados africanos; *b*) coordinar e intensificar su colaboración y sus esfuerzos para ofrecer mejores condiciones de vida a los pueblos africanos; *c*) defender su soberanía, su integridad territorial y su independencia; *d*) eliminar, bajo todas sus formas, el colonialismo en África, y *e*) favorecer la cooperación internacional, a partir de las recomendaciones de la Carta de las Naciones Unidas y de los Derechos Humanos.[2] Todo un paquete de buenas intenciones, pero que solo eran eso: buenas intenciones. Y sobre todo una superestructura difícil de gestionar para aquellos entonces. De ahí su fracaso. Varias fueron las razones. *a*) Se trataba de una megaestructura difícil de gestionar porque, entre otras razones, la heterogeneidad entre países unida a la pluralidad étnica de cada uno de ellos hacía inviable los consensos. *b*) La Organización, a falta de recursos para impulsar un desarrollo de los países (cometido que requiere capital), se centró más bien en amparar a sus dirigentes-dictadores. El «tú no me toques y yo tampoco a ti» enseguida se convirtió en el lema de la solidaridad entre ellos. De esta manera se pusieron de acuerdo y consensuaron la política de «no injerencia en los asuntos internos de otros países», que tan siquiera les permitió intervenir en los conflictos africanos, relegando exclusivamente esta responsabilidad a la comunidad internacional. «Al aceptar nuestra impotencia para resolver el asunto del Congo exclusivamente con recursos africanos, admitimos tácticamente que el autogobierno es imposible», ad-

2 Véase *África subsahariana y Occidente: historia de una dependencia*, pág. 48.

mitió Kwame Nkrumah. De manera que la OUA, una organización para la descolonización (según el artículo 3 de su Acta constitucional), acabaría vacía de contenido. Su defunción estaba cantada. Era cuestión de tiempo.

En definitiva, África, que se independizó con las falsas promesas (como las de Nguema, de Guinea Ecuatorial) de que enseguida todos los bienes y el bienestar de los que disfrutaban los blancos pasarían a ser saboreados por los propios africanos (ecuatoguineanos en el caso de Guinea Ecuatorial), solo y simplemente por el hecho de haber expulsado a los blancos, se había equivocado. Se olvidó de que, como dijo el economista inglés Maynard Keynes, primero se debe producir el pastel para luego repartirlo. Y es que la producción de esos bienes y servicios, que proporcionaban bienestar, requería poseer factores productivos adecuados, entre ellos una mano de obra capacitada y tecnología apropiada. Estos eran precisamente los dos factores básicos que le faltaban a la joven África, que tan siquiera poseía capital para importarlos. De manera que los residuos coloniales y las pequeñas regalías que se importaban pasaron a ser privilegio de la clase selectiva, la del clan étnico del presidente de turno, los que controlaban el poder y de su clan familiar. Mientras al pueblo se le insuflaba con el discurso de una reconversión al socialismo porque, decían los dirigentes, era el sistema que más se aproximaba a la hospitalidad y solidaridad de los africanos. Al igual que Macías Nguema, Idí Amín Dada, de Uganda, hizo lo mismo con los ugandeses asiáticos en 1972. Fueron despojados de sus bienes y negocios e invitados a abandonar el país. A los pocos meses la economía ugandesa se colapsó, entre otras cosas porque los nuevos dueños de los negocios abandonados no poseían habilidades empresariales ni comerciales para gestionar nada. La etnización del país, por una parte, y la sobredimensionada estructura militar, por otro lado, empezaron a dar buena cuenta de la excesiva cantidad de recursos (dinero) que necesitaba Idí Amín para mantener el control sobre su guardia pretoriana y las excesivas ansias corruptelas de sus acólitos.

Tal vez el modelo socialista hubiera funcionado en el África de entonces con el tiempo, pero eso era lo que precisamente no tuvieron los primeros dirigentes africanos: tiempo para implantarlo y que fuera asimilado por sus naciones respectivas. La población ansiaba vivir como sus excolonos, porque sus dirigentes y sus familias ya vivían así, mientras que al pueblo se le ofrecía más y más sacrificios.

Enseguida el modelo socialista se volvió insolvente. No tardaron en hacer acto de presencia los desencuentros de convivencia, las ansias de poder y los golpes de Estado, muchos de ellos alentados desde las exmetrópolis. En parte es una situación que interesaba desde fuera. Los «pescadores occidentales» revolvieron las aguas inestables de África y pescaron mejor en sus aguas, arrasaron su subsuelo y se llevaron plácidamente su okume, mientras la dinámica de los golpes de Estado se extendía por toda África. Cada dos meses se producía alguno en algún país africano. Y con ese clima, los dirigentes africanos no hicieron más que abandonar los objetivos del desarrollo para centrarse solo en resguardar sus puestos y perpetuarse en el poder. Se armaron hasta los dientes con los recursos expoliados de todos los demás y de las ayudas al desarrollo y se proclamaron vitalicios. La divinidad se había instalado en África, mientras «la democracia era cosa de blancos», decían.

Ya en la década de los ochenta se produce un nuevo giro adverso. De los golpes de Estado la situación se dramatizó hacia las guerras tribales. Y en medio las violencias, el vandalismo y los saqueos. África se había convertido en un polvorín. Aunque en todos ellos había un elemento común, cual es la incapacidad política de los dirigentes de llegar a acuerdos para gobernar el mosaico étnico africano, hay no obstante características propias en los diferentes tipos de conflictos. *a)* Unos nacen como consecuencia de una transición política mal concebida. Las independencias solo representaron el cambio del colono blanco al títere negro que no estaba dispuesto a repartir los pequeños privilegios de la excolonia y las riquezas mineras con el resto de la población, excepto con los de su tribu o clan y algunos militares aventajados, su guardia de élite. Este es el caso por ejemplo de la República Centroafricana, Guinea Francesa, Togo y Chad. *b)* Otros eran consecuencia de la no aceptación de otras identidades culturales. Los casos más explícitos son las guerras de los tutsis y los hutus en Burundi y Rwanda. *c)* Otros se derivaron de las planificaciones estratégicas del imperialismo en su búsqueda incesante de recursos naturales africanos. Angola, la República Democrática del Congo y Sierra Leona son los casos más llamativos.

Con casi toda África violentada e inestable, el clan familiar ya no parecía suficiente para salvaguardar el sillón de los inquietos presidentes de turno. Buscaron apoyos estratégicos exteriores, a cambio de dilapidar las ahogadas arcas nacionales y de comprometer el subsuelo de sus países. Por su parte los grupos rebeldes contrarios a los mandatarios africanos no tardaron en proliferar. También buscaron apoyos y armas del exterior a cambio de hipotecar con sus promesas las mismas materias primas, para cuando accedieran al poder. Algunos incluso se atrincheraron en determinadas regiones e hicieron suyas las riquezas de esa zona que utilizarían como moneda de cambio para proveerse de armas. Con los dos bandos armados (Gobierno y oposición) se intensificaron las guerras tribales en casi toda África al sur del Sahara. Y así tanto los occidentales como los comunistas ganaban siempre, con los presidentes vitalicios o con los líderes rebeldes. Las consecuencias fueron múltiples: la pérdida de muchas vidas humanas, mujeres viudas, hijos huérfanos, personas mutiladas, la destrucción de las pequeñas infraestructuras coloniales y las extensiones agrícolas, el éxodo del campesino hacia las ciudades y la emigración a Europa. Esto último ya no gustó a Occidente. Una cosa es que los africanos se maten entre ellos allí en su África indómita, mientras Europa siga recogiendo sus minerales y demás recursos; otra bien diferente es que la juventud africana cruce el Atlántico rumbo a Europa en busca de libertad. Había que frenar esta masiva afluencia africana hacia la civilización. A partir de entonces Europa entendió que el epicentro para la solución de estos conflictos se llamaba democracia. Habría que forzar a los dirigentes africanos a democratizar sus países, desde la pluralidad de partidos y habilitar vías de alternancia en el sillón, aunque siguieran siendo controlados todos desde Occidente. La democracia era *a priori* su cordón de contención y con ella sería posible gestionar el poder desde la pluralidad, crear un estado de derechos humanos, generar el desarrollo y, sobre todo, frenar la inmigración descontrolada a Europa.

Forzados desde Occidente, la democracia empieza a pronunciarse en África y el multipartidismo hace acto de presencia. Proliferaron partidos políticos mayoritariamente de tintes étnicos y regionales que, lejos de favorecer la cohesión social, acentuaron los atrincheramientos y dejaron patente que la construcción de África desde un socialismo con el pretexto de que todos éramos iguales, o sea bantúes, era una quimera.

Mientras tanto, algunos teóricos politólogos e intelectuales africanos empezaban a debatir sobre las posibles soluciones de lo que entendieron como «estados fallidos» de África. Si para ellos todo tenía su origen en el mal reparto del continente durante la conferencia de Berlín, habría que ir por lo tanto hacia un nuevo diseño que proporcionara más consistencia a los Estados africanos y pusiera fin a sus conflictos étnicos. Entre ellos, el nigeriano Wole Soyinka, el premio Nobel de Literatura, o el congoleño Mbuyi Kabunda Badi, politólogo y doctor en Ciencias Políticas. Para esta corriente de opinión panafricanista, el nuevo reparto de África debería configurar al continente africano en siete macroestados atendiendo a sus realidades geoculturales, geopolíticas y geoeconómicas: la República de Sahara, en el África del Norte; Senegambia, en el África Occidental; la República del África Central, en el África centroccidental; la Erithomia, en el Cuerno de África; la República de Suajili, en África centroriental; Mozambia, en África austral, y Madagascar. Otra corriente y crítica al posicionamiento utópico anterior, a la que este autor se suma, consideramos que el problema está en la incapacidad de los gobernantes (y en los factores e intereses externos) de crear espacios de consensos. Una cuestión queda clara y precisamente en África: no existe una única realidad geocultural en África, incluso en esta teórica división panafricanista. El repertorio en cada estado africano en esta cuestión es inmenso. Además, un Estado moderno, entendido como aquella estructura política capacitada para ordenar y tutelar la convivencia de una comunidad definida en un territorio, no debe cimentarse sobre principios geoculturales, sino sobre la base de un diálogo renovado de fórmulas de convivencia. Esa es la esencia misma del juego social, el juego de la democracia: dialogar hasta llegar a consensos, donde cada una de las partes del mosaico etnocultural (o de las nacionalidades) que conforman cada Estado encuentre razón de formar parte de ese Estado, tal y como lo describo en mi libro *El juego social* (págs. 14; 59-64, y 72-80). De manera que abrir un nuevo debate al amparo de las premisas étnicas-culturales por reagrupar o redistribuir los Estados o las naciones africanas —en autonomías, federalismos o independencias— sin democracia nos llevaría a un callejón sin salida y ralentizaría aún más nuestro avance. Y para cuando nos diéramos cuenta, como pasó con «nuestro socialismo bantú», habríamos perdido un valioso tiempo. En mi libro *Pobreza, desarrollo y globalización en el sur del Sur* (págs. 19-20) ya fui categórico en este sentido. La multiculturalidad africana sugiere arbitrar fórmulas de convivencia a partir de la plurinacionalidad de sus nacionalidades (la redundancia se justifica). Esa es la particularidad misma de la democracia que debe entender, como dijera Nelson Mandela, que «podemos tener nuestras diferencias, pero somos un pueblo con un destino común en nuestra variada cultura, raza y tradición»[3]; y, desde esta máxima, encontrar y luchar más por lo que nos une y menos por lo que nos separa. Reducir las diferencias de la división y multiplicar la cooperación interactiva entre nosotros es lo que nos aproxima a conformar lo que comúnmente llamamos «sociedad».

A todo esto, y a falta del juego social, la democracia fue sustituida por una concepción distorsionada del poder. El totalitarismo del gobernante de turno mandataría y ejercería todas las funciones del Estado a su conveniencia, bajo el amparo de su cordón de contención, su círculo familiar afín y de adeptos fieles. Con eso, el Estado dejaba de ser aquella estructura política centralizada con capacidad para regir los designios de su pueblo, siempre desde la emancipación de sus nacionales y la autonomía de sus instituciones políticas y la separación de sus poderes. El debate de las ideas fue reemplazado por el seguidismo y la adulación al gran jefe. Y por supuesto la visión del Estado, la razón por la que tantos y tantos hombres y las mujeres africanas lucharon por la independencia de sus países y, evidentemente, el resurgir del continente africano fueron relegados al plano marginal.

---

3 Véase *Palabras que cambiaron el mundo*, pág. 194.

Ciertamente, a esta generalidad hay excepciones de aquellos otros dirigentes africanos cuyas visiones hacia la prosperidad de sus países, en particular, y de África en su conjunto merece la pena señalar. Una relación selecta, y no por ello exclusiva, que podríamos empezar con Kwame Nkrumah, ghanés de nacionalidad.

Nkrumah es considerado como el defensor más insigne de la causa africana. Fundador del Partido de la Convención Popular (CPP, por sus siglas en francés), luchó hasta conseguir la independencia de su país, en 1957. Pero las aspiraciones de este panafricanista convencido iban más allá. Quería ver a un África independiente y unida. Suyas son las palabras, pronunciadas el 6 de marzo de 1957 (día de la independencia de Ghana): «nuestra independencia no tiene sentido si no está estrechamente relacionada con la liberación total de África»[4]. Y con ese horizonte trabajó en su proyecto de un gobierno continental de Estados Unidos de África, idea que fue abortada por los demás dirigentes africanos (el 25 de mayo de 1963) a cambio de crear la Organización para la Unidad Africana como mero instrumento de cooperación intergubernamental entre los Estados africanos.

Patrice Émery Lumumba, de la República Democrática del Congo, figura relevante en la lucha por la independencia de los países africanos, combatió por la descolonización de su país hasta conseguir su independencia en junio de 1960. Una vez esto, fijó su mirada hacia la destrucción total del poder colonial europeo en África y el ultraje por Europa del que durante siglos el continente africano había sido objeto. Su viraje hacia la antigua Unión Soviética, para sofocar la revuelta interna en la región de Katanga, le costó una cruenta muerte bajo la complicidad de los agentes secretos belgas y de la CIA.

4 Kwame Nkrumah, pág. 29.

Léopold Sédar Senghor, senegalés, considerado como uno de los más célebres intelectuales de África del mundo del siglo XX, fue el primer africano en ocupar un escaño en el Parlamento francés y primer profesor de raza negra en impartir clases de gramática francesa en una universidad francesa. Fue un ferviente defensor del movimiento de la negritud, de cuyo precursor es Aimé Césaire. Como Kwame Nkrumah, creyó en la idea de un gran Estado africano, desde el federalismo de sus naciones. De los pocos africanos que supo conducir su país hacia la democracia plural.

Thomas Sankara, de Burkina Faso, un activista contrario al imperialismo. Sus cuatro máximas: democratizar y desarrollar su país; redistribuir la riqueza nacional; fomentar la educación, como pilar para el empoderamiento; igualar los derechos de la mujer con los de los hombres. Para lo cual la educación, la sanidad, la reforma agraria y la promoción de la mujer eran los pilares de su política. Su programa político recogía un eslogan muy elocuente: «acabar con la supervivencia, aflojar las presiones, liberar nuestros campos de un inmovilismo medieval, democratizar nuestra sociedad, despertar los espíritus sobre un universo de responsabilidad colectiva, para atreverse a inventar el futuro». No entendía la revolución sin la liberalización de la mujer, pues ambas realidades iban cogidas de la mano. Así, la redistribución de la riqueza pasaba por la redistribución de la tierra de los terratenientes a favor de las personas que la trabajaban. Trágicamente asesinado el 15 de octubre de 1987, hoy el pueblo burkinés (en particular) sigue considerándolo como el referente idóneo para el resurgir de su país.

Félix Houphouët-Boigny, de Costa de Marfil. De él habrá que valorar su defensa por el liberalismo en lo económico. De los pocos, en esa África socialista, que supo entender que cimentar un desarrollo socializado de ninguna de las maneras podría ayudar a sortear la pobreza extrema de su país.

Y más recientemente tenemos a Nelson Madiba Mandela, de Sudáfrica, de quien el arzobispo Desmond Tutu dijera: «Estoy orgulloso de ser humano porque en esta especie hay alguien como Nelson Mandela». Y es que Mandela supo luchar, conquistar y retirarse a tiempo. Por la libertad de su pueblo luchó y lo entregó casi todo, hasta sus 26 años de cautiverio. Reconcilió al país, estableció las bases de la alternancia y traspasó la gestión de la *cosa común pública*. Otros se habrían atrincherado más de cuatro años, que podía hacerlo, pero él entendió que el juego social también pasaba por eso.

En lo económico, las cosas no fueron mejor. Recordemos que el África independiente hereda del colonialismo una economía dual. *a*) La de subsistencia, orientada exclusivamente para proveer alientos imprescindibles de supervivencia para su población. Pequeñas unidades domésticas sin capacidad suficiente para crear empleo, ahorro ni mercado interior consistente. En definitiva, su contribución para la contabilidad nacional era nula. *b*) La de producción de insumos para las metrópolis. Esta última estaba organizada a partir del capital (económico y material) occidental, donde el africano solo participó como mera mano de obra sin cualificar en la producción de materias primas exportables. Las variables macroeconómicas de entonces solo eran el reflejo de la actividad productiva de esta última economía. Ni falta que hace decir que la desconexión entre ambas economías era total. Este desequilibrio se prolongó hasta las independencias. De manera tal que cuando se producen las independencias y buena parte del empresariado occidental se retira de África (esto se produjo en varios países africanos, por ejemplo, en Guinea Ecuatorial) se asesta un duro golpe a la incipiente actividad productiva exportadora de estos Estados. En otros países la actividad económica simplemente se redujo drásticamente porque al empresariado de la metrópoli le costó horrores asumir el nuevo rol, como era ser gobernados bajo las disciplinas financieras de quienes hasta hace poco fueron sus súbditos.

En su conjunto, África —que se independizó políticamente, pero no económicamente— se vio asfixiada debido a su incapacidad de adquirir divisas con las que debía afrontar sus importaciones. Además, tenía que esforzarse por mantener la infraestructura administrativa heredada. Para todo eso se necesitaba dinero líquido y es precisamente de lo que no disponía la nueva África independiente. La «solución» una vez más la ofrecía Occidente, que condicionó todo tipo de ayuda a los programas productivos y proyectos diseñados desde fuera, cuestión sobre la que volveremos en el apartado siguiente. De manera que los acuerdos de la Commonwealth (para los países anglófonos) y los de la Comunidad Financiera en la Zona Franca (para los países francófonos) representaron la tela de araña para que África siguiera sometida, al menos financieramente. En un principio, para los nuevos Estados independientes de África, estos acuerdos les permitieron a pesar de todo financiarse durante los primeros años de la década de los sesenta del siglo pasado. Y la economía subsahariana durante ese tiempo presentó ligeros síntomas de crecimiento como resultado de un aumento nominal de las exportaciones. Sin embargo, la segunda década independiente (la década de los setenta del siglo pasado) comienza con altibajos como consecuencia de la crisis del petróleo que azotó Occidente, desde octubre de 1973. La recesión de los países industrializados iniciada en realidad en 1969, cuando la economía norteamericana entra en la bancarrota y decide devaluar el dólar, el 15 de agosto de 1971, arrastra consigo toda la economía mundial. Los más castigados fueron los países africanos, cuyos productos fueron los primeros en ser expulsados del mercado internacional. La caída en picado de los precios de sus materias primas disparó la relación real de intercambio (RRI) con Occidente y se acentuó aún más su empobrecimiento. La frágil economía africana estaba al borde del colapso. La joven África socialista tenía que duplicar (por lo menos) la producción de sus materias primas para seguir manteniendo su cesta de divisas. Y, a falta de mejoras tecnológicas y de más capital, no le quedó otro remedio que incrementar el factor trabajo, echando mano a reclutamientos forzosos de la población. A todo esto, en octubre de 1973 los países exportadores de petróleo (OPEP) deciden reducir la producción de este y, con esa medida, los precios del crudo se dispararon. Los países dependientes del petróleo no tardaron en sentir sus efectos: se encarecieron los costes de producción, se dispararon las tensiones inflacionistas, se incrementó el desempleo, etc. Mientras los países de la OPEP pasaban a atesorar grandes cantidades de dólares en la banca privada internacional. Esta excesiva oferta encontró en los países subdesarrollados (sobre todo los africanos y latinoamericanos) su demanda más idónea. El bajo tipo de interés y un mercado financiero internacional desregulado facilitaron el acceso fácil de los africanos a estos capitales. Los países africanos se endeudaron de manera desproporcionada, con garantías soberanas. El grifo estaba abierto sin apenas restricciones. Para la banca privada internacional esa era la mejor manera de aligerar sus bóvedas y de rentabilizar sus capitales. Y para los países subdesarrollados en general (y africanos en particular) su balsa salvadora. Se agarraron a ella a las primeras de cambio y de qué manera. No escatimaron en nada ni calibraron las consecuencias posteriores que se dejaron sentir un decenio después, cuando se producen varios cambios en la coyuntura económica internacional. Entre ellos fundamentales dos.

a) **Un viraje en la política económica estadounidense.** Estados Unidos de América necesitaba recomponer su maltrecha economía, reequilibrar su balanza comercial y recuperar las cuantiosas pérdidas ocasionadas por la guerra de Vietnam. De manera que decidió subir los tipos de interés en forma desorbitada. Una medida que se dejó sentir sobremanera en los países endeudados, porque se disparó la carga de la deuda. En apenas un decenio, la deuda africana ya representaba el 71,4 % de su producto nacional bruto (PNB), de los cuales 107,3 % correspondía al África subsahariana. O sea, ni toda su producción nacional bastaba para cancelar sus compromisos contraídos con la banca internacional.

b) **Los cambios en los hábitos de consumo y del progreso tecnológico.** Estos dieron lugar a la fabricación de productos sintéticos llamados a sustituir o, como mínimo, a competir desigualmente con los productos primarios africanos en el mercado internacional. La conjunción de estos factores no hizo sino agudizar la maltrecha situación económica de África. Pero Occidente no estaba dispuesto a dejarlos tirados. Paradójicamente el Norte necesitaba y seguirá necesitando a África, aunque arruinada. Son las reglas del mercado. El Sur necesita financiamiento del Norte, su tecnología, los consejos de sus asistentes técnicos. Y el Occidente necesita de la pobreza africana para seguir abasteciéndose de sus materias primas a bajo coste y al mismo tiempo presentarse como el «el salvador de la causa africana». Un matrimonio de conveniencias entre el Norte y el Sur bautizado como «cooperación». El Norte siempre acabará cobrado sus favores, precisamente a través de esa cooperación para el (sub)desarrollo. Sus fórmulas magistrales, su cooperación técnica, sus recomendaciones —aunque no generen resultados positivos para África— siempre serán aceptados por el Sur porque, si no fuera así, qué más podrían hacer estos toda vez que la sartén la tienen bien agarrada por el mango las instituciones financieras occidentales.

El hachazo casi mortal desde la cooperación para este (sub)desarrollo lo recibiría África a través de los programas de ayuda al desarrollo y del Plan de Ajuste Estructural impuesto a estos países desde Occidente. Sus excesivas recetas para reducir la incidencia presupuestaria del Estado en la actividad económica, unidas a la poca inversión privada, ahondaron en la exclusión de la población en los servicios públicos más básicos como la sanidad y la educación. El Plan Baker (1985) creyó haber encontrado la solución. Propuso incrementar la financiación internacional, sin bajar los tipos de interés, en más de veinte mil millones de dólares estadounidenses durante el periodo 1986-1988 para los países que se comprometieran escrupulosamente con los lineamientos del Ajuste Estructural: reducción de la presencia estatal en la economía, mayor producción y exportación de las materias primas, mayor apertura comercial para que los capitales extranjeros se instalasen sin trabas en África, etc. Para los arquitectos de este plan de ajuste, sus medidas tanto macroeconómicas como coyunturales pretendían, entre otros objetivos, la estabilidad de la balanza de pagos que pasaba por un aumento de las exportaciones agrícolas hacia el mercado occidental. Un esfuerzo que en absoluto sirvió, porque al mismo tiempo la Europa comunitaria con su política agrícola restrictiva apenas permitió un 1% de las importaciones agrícolas africanas. Tampoco Estados Unidos de América se quedó corto. Sus ayudas al sector agrícola americano (con excedentes de producción) no permitirán ninguna entrada de productos de la agricultura africana en su mercado. A todo esto, y entre ambos, sus industrias de productos sintéticos a los primarios agrícolas empezaron a florecer y el coste de los insumos exportados a África no paraba de crecer mientras se congelaban los precios de las exportaciones de África hacia el Occidente.

El Plan Baker no contó (o sí) con que esa ayuda adicional iba a representar mayor estrangulamiento de las economías subsaharianas. Porque el incremento de la producción se iba a topar con una caída de los precios de las materias primas y porque buena parte de estos préstamos no iban a ser invertidos productivamente (tal y como así pasó), sino que irían a parar en las arcas de las multinacionales productoras y proveedoras de armas para África en cada uno de los bandos arriba descritos. Otra parte no menos considerable tuvo su destino final en las cuentas de los dirigentes de turno en el extranjero. Ahí siguen, sin posibilidad de retorno. Un regalo para Occidente del hermano pobre.

Por su parte, los expertos del Banco Mundial no cesaron de alentar, en algunos casos amenazar, con sus informes para que África no se desviara del rol que tenía asignado. Así, Elliot Berg, experto del Banco Mundial y defensor de la división internacional del trabajo, en su informe al Banco Mundial, a propósito de la crisis por la deuda, recomendaba sobre la obligatoriedad que tienen los países africanos por intensificar la producción para la exportación (y no para la autosuficiencia alimentaria) como remedio para salir de la crisis de la deuda.

Cierto es que el África subsahariana (como cualquier región en desarrollo) necesita mayoritariamente capital exterior para desarrollarse. Capital que habrá que devolver a medida que vaya incrementando su renta. Para eso los capitales externos deberán canalizarse productivamente, que la rentabilidad de estos sea superior a su coste, que se mantenga el auge del comercio internacional y que el despegue del país en cuestión pueda ser retroalimentado. Cumpliéndose estas premisas, y desde la hipótesis *ceteris paribus*, el país receptor no debería tener problemas de devolución de los capitales prestados y de su carga. Dicho de otro modo, los capitales endeudados por África no generaron un excedente productivo capaz de aumentar la actividad productiva. Tampoco se implementaron políticas restrictivas contra las importaciones de aquellos bienes que sí que se podían producir desde casa. Más bien la política importadora de ciertas importaciones de bienes y servicios capazmente producibles en África solo alentó la transferencia de capitales hacia su origen.

A pesar de todo, tampoco en el contexto económico (como en el político) faltaron las iniciativas locales. La más destacada por aquellos entonces, como estrategia económica impulsada por la OUA, fue el Plan de Acción de Lagos (PAL) creada en Lagos (Nigeria) el 29 de abril de 1980. El Plan aspiraba a impulsar una estrategia de cooperación económica entre los países africanos, fortalecer su desarrollo económico e independizarlos económicamente de Occidente. Para ello, «los Estados africanos miembros deberán coordinar y armonizar sus políticas generales» (art. 2 de la Carta fundacional). En su programación hacia la integración económica completa del continente (con horizonte temporal hasta el año 2000) debería fundamentalmente permitir a África: *a*) ser autosuficiente en alimentos de consumo interno; *b*) ser capaces de desarrollar y exportar de manera autónoma y sostenible su sector agropecuario. Y así toda una batería de buenas intenciones, pero, igualmente como su madre OUA, irrealizables. No era porque su diseño teórico estuviera mal concebido, sino porque *a*) el Plan de Acción de Lagos fue diseñado para ser sostenido financieramente en un setenta por ciento con ayudas de Occidente, más fundamentalmente por sus metrópolis que para aquellos entonces andaban diseñando su Unión Europea. O sea que los africanos se querían adelantar a los propios europeos en la idea de integrar económica y políticamente sus Estados, armonizando sus políticas y encima querían hacerlo con las ayudas económicas de sus excolonos. Una auténtica contradicción. Es evidente que Europa no se prestó a tal jugada. *b*) El Plan fue visto con escepticismo en el escenario internacional, especialmente entre las instituciones financieras. Qué pasaría con nuestro suministro de materias primas a precio de saldo si África es capaz de gestionarlas, se preguntaban. De manera que, para impedirlo, hay que imponerles medidas restrictivas empezando por no financiarles el proyecto al tiempo que se les ofrece, eso sí, otro plan alternativo. El conocido como informe Berg (ya mencionado arriba), justo un año después de la adopción del Plan de Acción de Lagos. Las recomendaciones del informe Berg (arriba expuestas) que se centraron en la reducción del peso del Estado en la administración y sobre todo en intensificar la producción de cultivos para la exportación, incorporaban una severa advertencia en término de reprimenda financiera para aquellos países que se salgan del guion. Así, en sus páginas 75 y 76, era tajante al afirmar que «si la búsqueda de la autofinanciación alimentaria desvía recursos de los cultivos de exportación a favor de los cultivos de autoconsumo, la pérdida de ingresos de exportación puede saldarse con problemas en la balanza de pagos que podría comprometer a su vez el objetivo mismo de autosuficiencia». Y termina asegurando que «una política de autosuficiencia basada en el abandono de los cultivos de exportación sería muy costoso para la renta local». Con esta arenga, a los cinco años del nacimiento del PAL se constató que todos los países africanos se habían abrazado al informe Berg y ninguno al PAL. También como la OUA, el Plan de Acción de Lagos cinco años más tarde era un difunto sin apenas haber desarrollado su vasto programa. La constatación de la inaplicabilidad del PAL por ninguno de los países africanos a causa de varios factores (la carencia de medios financieros, el deterioro de las RRI, la caída de los precios de sus materias primas, el deterioro de las infraestructuras, etc.) obligó a sus dirigentes a ser más realistas. Con esta visión más razonable se aprueba el Programa Prioritario de Recuperación Económica de África (PPREA), en Adís Abeba cinco años después del PAL al que vino a sustituir. Por su diseño, el PPREA estaba diseñado para ser financiado mayoritariamente con capitales propios y con objetivos menos ambiciosos, consideraciones que sirvieron para que Occidente ironizara como «actitud responsable» por parte de los dirigentes africanos. Dos años después de su adopción, la Comisión Económica para África de las Naciones Unidas (la ECA) se reúne con la OUA y el Banco Africano de Desarrollo (el BAD) en Abuya, Nigeria, del 15 al 19 de junio de 1987 para evaluar el alcance del cumplimiento de los objetivos de este programa. El informe de dicha comisión constata igualmente que los objetivos del PPREA son irrealizables, al tiempo que revela los obstáculos que impiden a África a desarrollarse. Entre ellos el estrangulamiento al que está siendo sometida por la deuda exterior. Las conclusiones de este informe supusieron además el abandono del Programa. Dos años después, 10 de abril de 1989 en Adís Abeba, durante la cumbre extraordinaria de jefes de Estado y Gobiernos africanos, se crea el Marco Africano de Referencia para los Programas de Ajuste Estructural para la Recuperación y la Transformación Socioeconómica (CARPAS, en sus siglas francesas). Su objetivo principal: «sensibilizar a los Estados africanos en la necesidad de establecer un modelo de autonomía colectiva y la utilización de los recursos internos con la participación de los pueblos y la democratización económica y social».[5] Igualmente, como en los programas anteriores, esta iniciativa no pudo consolidarse quedando patente que África no estaba preparada para programas que integren a todos los países. Demasiada disparidad entre Estados y regiones tampoco permite armar estructuras universales. Unas lecciones parecen bien aprendidas de estos intentos fallidos. Concretamente dos: una primera es que las megaestructuras son difíciles de gestionar, más todavía cuando deben ser sostenidas financieramente con terceros; la segunda conclusión a resaltar es por la heterogeneidad de intereses y niveles de avances (en lo político y económico) entre las subregiones sugiere, en un principio, ir hacia integraciones regionales. Con el tiempo avanzar hacia modelos macro.

5 *África subsahariana y Occidente: historia de una dependencia*, pág. 104.

1.3. Integraciones económicas subregionales

Puede decirse que el primer intento por la integración económica en África se produjo en 1910, cuando se establece la Unión Aduanera de África Austral. Tras las independencias los objetivos de la integración económica, como un instrumento para alcanzar la estabilidad política y el desarrollo económico y social, pasan a ser una parte fundamental de la estrategia de los países africanos, especialmente a partir de los fracasos en los esfuerzos por integraciones globales arriba mencionados. Desde entonces los esfuerzos por integraciones más localistas y regionales empiezan a tomar cuerpo a pesar de las dificultades tales como la heterogeneidad en los niveles de desarrollo entre los países, la inseguridad intrafronterizos y amenazas de conflictos bélicos entre ellos, concepciones diferentes de los modelos de Estado, etc. Se empieza a poner en valor que es el mejor camino para crear un mercado más amplio propio, sin injerencias de los países occidentales, para alcanzar los Objetivos del Milenio (la reducción de la pobreza y del analfabetismo, la igualdad de género, la satisfacción de las necesidades básicas de la población, el desarrollo económico, entre otros); para la liberalización del comercio, y para entrar a formar parte activa en el sistema del comercio mundial.

En las líneas siguientes, expondremos someramente cinco de estas asociaciones subregionales.

La Unión del Magreb Árabe (UMA)

La Unión del Magreb Árabe (UMA), subregión creada por los Estados del Magreb (Marruecos, Argelia, Túnez, Mauritania y Libia) en febrero de 1989, posee en su conjunto, y como principales recursos económicos, el petróleo, el gas, los fosfatos, la pesca, la agricultura y el turismo. Libia y Argelia son los principales exportadores de petróleo y gas. Marruecos y Túnez destacan por el fosfato, el turismo y la agricultura. En concreto, Marruecos además se ha convertido en una potencia textil en la región y el mayor exportador de frutas y hortalizas de la región con destino a la Unión Europea y uno de sus socios preferentes en el subsector de la pesca en sus caladeros. Por su parte, Túnez, pese a ser un país relativamente pequeño, cuenta con una tasa de apertura económica del 90 %.

Conscientes de este potencial, los países del norte de África se agruparon, con la vocación de convertirse en un mercado común de la subregión, en torno a un acuerdo de interacción comercial entre ellos con objetivos específicos claros: *a*) la consolidación de las relaciones fraternales que unen a los Estados miembros y sus pueblos, el logro del progreso y el bienestar de sus comunidades y la defensa de sus derechos; *b*) la realización progresiva de la libre circulación de personas, servicios, mercancías y capitales entre los Estados parte, y *c*) la adopción de una política común en todas las áreas para garantizar el desarrollo industrial, el desarrollo agrícola, comercial y social de los Estados miembros.

Sin embargo, las buenas intenciones de este acuerdo no se han visto plasmadas hasta ahora debido, entre otras razones, a la rivalidad tradicional entre Marruecos y Argelia, en parte debido al apoyo de Argelia al movimiento de autodeterminación del Sahara Occidental. Unas malas relaciones entre estos dos países claves de la subregión que lastran el desarrollo integral del conjunto. Otras dificultades añadidas como por ejemplo el eterno conflicto entre Marruecos y el Sahara y la Primavera Verde (en Libia y Túnez) no han permitido treinta años después materializar el objetivo fundacional de esta organización. Mientras tanto cada país busca explotar sus ventajas competitivas como pueda, suscribiendo acuerdos comerciales con otras comunidades económicas.

La Comunidad Económica de los Estados de África Occidental (CEDEAO)

La Comunidad Económica de los Estados de África Occidental (CEDEAO), también conocida como la ECOWAS (por sus siglas en inglés). Nace en 1975 a partir de los acuerdos de Lagos. Dos grandes objetivos señalan su razón de creación, a partir de un mercado común: *a*) promover la integración económica y monetaria de la región para el año 2020 en todos los campos de actividad económica: industria, transporte, telecomunicaciones, energía, agricultura, recursos naturales y comercio; *b*) lograr la «autosuficiencia colectiva» de sus Estados miembros, muy ligado al proyecto «Hacia una iniciativa para un África Occidental sin hambre» respaldado por la FAO. Para lo cual sus actuaciones deberán focalizarse en tres grandes líneas —el comercio, la cooperación y la integración económicas— mediante la elaboración de proyectos comunitarios. Cuenta actualmente con quince países miembros (Benín, Burkina Faso, Cabo Verde, Costa de Marfil, Gambia, Ghana, Guinea-Conakri, Guinea-Bisáu, Liberia, Malí, Níger, Nigeria, Senegal, Sierra Leona y Togo) y representa casi el 45 % de la población africana debido a la aportación de Nigeria, que por sí sola aporta más del 16 % del conjunto de la población africana. De ahí que sea uno de los bloques fundamentales para la integración africana, según reconoce la misma Unión Africana. Por su potencial, se espera que Nigeria sea la locomotora de esta organización, seguida de lejos por Costa de Marfil y, en tercer lugar, paradójicamente, Sierra Leona. Esta última economía, a pesar de ocupar posiciones últimas del *ranking* de los países menos desarrollados, cuenta sin embargo con grandes reservas de recursos mineros. De ahí que su contribución en el PIB de la subregión vaya a ser muy importante. Para llevar a cabo su vasto programa, la ECOWAS se ha armado de varios organismos especializados, como el Banco de Inversión y Desarrollo de la CEDEAO (EBID); la Agencia Monetaria de África Occidental (WAMA); el Grupo Intergubernamental de Lucha contra la Financiación del Terrorismo y el Lavado de Activos (GIABA); la Organización de Salud de África Occidental (WAHO); la Agencia Regional para la Agricultura y la Alimentación (RAAF), entre otros.

Para avanzar en su integración, los quince países que forman esta Comunidad Económica han determinado sustituir el franco CFA por el ECU. Una nueva moneda que se pretende poner en marcha a partir de 2020. Se trata de una vieja aspiración, que data del año 2003 impulsada por CEDEAO, que pretende impulsar y consolidar la integración y el comercio en la subregión al margen del control del Tesoro francés. Y, a pesar de que se trata de una iniciativa muy aplaudida por varios expertos en el mundo de la economía y de las finanzas, la implementación efectiva y exitosa de esta dependerá del cumplimiento por parte de cada país de los criterios de convergencia habida cuenta de las múltiples divergencias existentes en los diferentes indicadores macroeconómicos entre sus países miembros. Pero, por lo pronto otros países africanos (los de la CEMAC, por ejemplo) azotados por los mandatos del Tesoro francés ya están tomando nota. Ver cómo se va a implementar el ECU, el funcionamiento del coeficiente de reservas y la convertibilidad serán buenos argumentos que hay que tener en cuenta.

La Comunidad Económica y Monetaria de África Central (CEMAC)

La Comunidad Económica y Monetaria de África Central (CEMAC) se crea en 1994. Tiene como precursora la Unión

Aduanera Ecuatorial (UDE) creada en 1959, que posteriormente evolucionó en la Unión Aduanera y Económica de África Central (UDEAC) en 1964. Es considerada por la Unión Africana como uno de los ocho pilares de la Comunidad Económica Africana y está integrada por seis países (Camerún, la República Democrática del Congo, Gabón, Guinea Ecuatorial, la República Centroafricana y Chad). Se trata de una organización creada para la liberalización del comercio, la integración industrial y tecnológica, la cooperación financiera y otros aspectos. Es la responsable de diseñar y coordinar la política monetaria de los países miembros, con el objetivo de armonizar las distintas políticas económicas de los países miembros. Para ellos cuenta con una moneda única, el CFA del África Central, y un Banco Central (BEAC) y un Banco de Desarrollo de los Estados de África Central encargados de financiar proyectos de impacto regional. El enfoque de la CEMAC es de convertirlo en un espacio emergente común y único hacia el año 2025. Sobre la base de esta visión, sus actividades se desarrollan en torno al Programa Económico Regional (PER), cuyo cronograma dividido en tres fases de cinco años cada uno se inició desde 2010. La primera (2010-2015) debería permitir la construcción o fortalecimiento de las instituciones necesarias para la concreción de los objetivos. La segunda (2016-2020) trataría de asegurar la diversificación de economía de la subregión y la tercera fase (2021-2025) se encargaría de asegurar la consolidación de los objetivos de las fases anteriores. Un balance de la primera fase revela que, si bien se han obtenido ciertos avances en materia de integración monetaria (gracias a la libre utilización de la moneda común), la no ratificación de los acuerdos de la libre circulación de personas y mercancías de todos los países y la falta de financiación están dificultando la plena consecución de los objetivos programáticos prefijados. Aun así, se saluda positivamente que la plena integración monetaria de la CEMAC es totalmente efectiva, a pesar de que todavía existen algunos inconvenientes a la libre circulación de personas, bienes y servicios en determinados países.

El Mercado Común para el Este y Sur de África (COMESA)

El Mercado Común para el Este y Sur de África (COMESA) es una organización creada en 1994, que reemplazó la zona de comercio preferencial que ya existía desde el año 1981. Nace como una unidad económica y comercial para la cooperación y el desarrollo de los recursos humanos y naturales de sus miembros: Burundi, las Comoras, la República Democrática del Congo, Yibuti, Egipto, Eritrea, Etiopía, Kenia, Libia, Madagascar, Malaui, Mauricio, Rwanda, Seychelles, Sudán, Sudán del Sur Suazilandia, Tanzania, Uganda, Yibuti, Zambia y Zimbabue. Y para tal fin debe armar una estructura política y comercial capaz de superar las barreras comerciales que enfrentan individualmente cada uno de los Estados miembros. Esta macroestructura, que desde 2008 integra países de la Comunidad Africana Oriental y la Comunidad de Desarrollo de África Austral y configura un bloque de 22 miembros, es considerada igualmente por la Unión Africana como uno de los pilares de la comunidad económica africana.

La Comunidad de Desarrollo de África Austral (SADC)

La Comunidad de Desarrollo de África Austral (SADC, por sus siglas en inglés) tiene como precursores los acuerdos firmados en 1910 entre Sudáfrica, la Alta Comisión de los Territorios de Basutolandia y Suazilandia, y el protectorado de Bechuanalandia. De ahí que sea conocida como la unión aduanera más antigua del mundo. Su configuración actual se concretó en 1992 y está compuesta por quince miembros: Angola, Botsuana, la República Democrática del Congo, Lesoto, Madagascar, Malaui, Mauricio, Mozambique, Namibia, las Seychelles, Sudáfrica, Suazilandia, Tanzania, Zambia y Zimbabue. Entre sus objetivos fundacionales destacan la integración económica, cultural y social de la subregión; la lucha contra la pobreza y la mejora de la calidad de vida; la promoción y defensa de la paz y la seguridad, y la utilización sostenible de los recursos. Además, los Estados miembros tenían la intención de constituirse en una unión monetaria, con la creación de una moneda única y un Banco Central unificado para el año 2018. Este objetivo aún no se ha materializado plenamente hoy por hoy.

En su conjunto, pese a estos esfuerzos, cabe decir que todas estas alianzas se enfrentan a grandes retos estructurales: la heterogeneidad entre sus Estados miembros en cuanto a las preferencias sociales y capacidades económicas y la pertenencia de muchos de los países a más de una organización, algunos de ellos con objetivos contrapuestos, son algunos de los retos por superar. Tal vez esa sea la labor que deba emprenderse con respecto a la integración continental desde la misma Unión Africana (UA), ya que uno de sus objetivos es el de ayudar en la coordinación y armonización de los acuerdos regionales existentes. Aunque la principal razón de ser de esta organización sea más política que económica, también tiene en su cartera de objetivos el desarrollo socioeconómico, la promoción de la cooperación internacional e intercontinental y la armonización de todos los procesos de integración existentes en el ámbito regional. Ambiciosas metas que chocan contra la escasa voluntad política de los Estados miembros, sus divergencias ideológicas, las dificultades en la toma de decisiones por consenso o por cuórum, los problemas de índole estructural (como son las inestabilidades sociales y económicas), las debilidades en infraestructuras, entre otros. Únase a ello los problemas internos en varios países: la fragilidad de sus pregonadas democracias, la inseguridad ciudadana o la mala gestión de la *cosa común pública*, por citar algunos de ellos. Desequilibrios internos que deben ser superados antes de embarcarse a una aventura de integración supranacional. Resulta improbable que esta organización que pretende asemejarse a la Unión Europea, y que nace del diseño teórico de algunos mandatarios que llevan varias décadas agazapados en el poder, procure impulsar un modelo de libertades, consenso y desarrollo socioeconómico. Además, si bien es cierto que una integración de tal magnitud podría reportar importantes beneficios políticos, sociales y económicos, no es menos cierto que su verdadera operatividad requiere no menos grandes esfuerzos: de financiamiento de esta macroestructura; de voluntad política para abandonar los atrincheramientos de ciertos políticos, que permita forzar un «marco político común»; de desarrollo de las infraestructuras de interconexión entre países; de esfuerzos policiales para garantizar la libertad de circulación y la seguridad de los ciudadanos, etc. De ahí que en estos momentos la Unión Africana no esté gozando de la suficiente credibilidad para convertirse en aquella herramienta útil que permita afrontar los desafíos del África emergente. La prudencia recomienda seguir avanzando desde las organizaciones regionales, equipándolas con realismos y no de pomposos discursos, en ese camino hacia la consolidación de un mercado común africano.

1.4. Una cooperación para el desarrollo

Asfixiada por la deuda sin apenas posibilidades de remontar, Occidente propone para África otro mecanismo que asegure su dependencia. Es la cooperación vía ayuda al desarrollo. Con ella se multiplicaron los proyectos y programas de asistencia técnica, financiados todos con fondos de dicha «ayuda» vía préstamos vinculantes. Muchos de esos recursos (casi el 80%) tan siquiera se invirtieron productivamente en África. Sirvieron para pagar suculentos salarios a expertos e infraestructuras logísticas de la red de organizaciones de dicha cooperación. Una de las razones de los fracasos de esta cooperación se debe al enfoque equivocado que se proyecta desde fuera para desarrollar África. Retengo la observación del economista norteamericano John Kenneth Galbraith cuando asevera que «los fracasos observados en los países del tercer mundo se explican porque las políticas económicas que se han aplicado están basadas en las recomendaciones que se han hecho a los países ricos; corresponden al estado de desarrollo al que estos últimos han llegado y no al de los países menos industrializados». Es la justa fotografía de los innumerables proyectos de desarrollo que se han pretendido implementar en África. Desde sus oficinas a miles de millas y sin trabajo previo de campo —condición básica para el desarrollo de todo proyecto de entidad—, Occidente diseña una batería de proyectos probablemente buenos técnicamente pero inviables en la práctica, que inundaron África. Proyectos que nada tenían que ver con la realidad africana del momento. Eso es lo que justifica su alto nivel de fracaso. El mismo Banco Mundial, en su informe de 1992, cifra ese fracaso en un 60%.

Una muestra de ello es el proyecto de desarrollo agropecuario diseñado en Rwanda para realojar a 9 000 familias de hutus y tutsis en un espacio de 61 000 hectáreas que acabó beneficiando más a los primeros que a los segundos. Los tutsis no se vieron identificados con el proyecto. Sin embargo, para los expertos del Banco Mundial, la culpa siempre será de los países receptores por su incapacidad para asimilar las fórmulas occidentales, tal y como lo aseguraba el antropólogo estadounidense James Ferguson cuando trataba de justificar el fracaso del proyecto de racionalización de los rebaños en Lesoto para conseguir un alto valor de mercado de cada cabeza. Sin embargo, Ferguson en su trabajo no tuvo en cuenta que en esa sociedad (como en otras tantas africanas) el ganado tiene un valor más social que el de mercado.

La cooperación occidental, al no ajustarse ni al concepto de desarrollo ni a las propias características del entorno socioeconómico africano, no permitió crear pequeñas unidades industriales africanas ni de soslayar las hambrunas y el caos que se iban generalizando en África subsahariana. Ante tal fracaso, Occidente tuvo que remangarse la camisa y echar mano de su repertorio imaginativo. Delegó su «responsabilidad» en las organizaciones no gubernamentales. Estas recibirán la financiación e instrucciones necesarias de sus donantes para determinar y reproducir cómo y cuáles deben ser los proyectos y dónde deberán ser ejecutados, así como su durabilidad. Sin embargo, también pecaron de escaso enfoque perspectivo. Su escasa visión integral del desarrollo de los países en los que actúan y su temporalidad en las regiones en las que se asientan no permiten resolver cuestiones específicas de manera estructural. Eso también tiene que ver con la proyección que ofrecen a los proyectos. Diseñan y evalúan proyectos sobre la base de criterios contables, a partir de formularios cuya cumplimentación no requiere necesariamente un trabajo de campo previo.

Exceptuando unas de ellas de reconocido recorrido y relieve internacional, cuya acción es innegable, las ONG se habían convertido en pequeñas empresas que más bien venían a aliviar el problema del paro en Occidente. O sea, empresas de trabajo temporal. Es lo que explica su proliferación entre las décadas de los ochenta y noventa del siglo pasado. Cierto es que alivian momentáneamente determinadas carencias, pero también es verdad que, poco después de cesar su presencia, dichas carencias se reproducen.

Con estas insuficiencias y singularidades, era de esperar que las ONG no fueran las organizaciones sobre las que se tuvieran que acordar pactos de una cooperación con Occidente. De hecho, no fue así en sus orígenes allá por 1949 cuando en Londres, el 5 de mayo de ese año, se debatiera por primera vez sobre la necesidad de cooperar con África y los demás países de ultramar. De ese acuerdo y negociaciones posteriores se acordó en septiembre de 1952 el llamado Plan de Estrasburgo, en el que se aprobó una política de cooperación entre el Consejo Europeo y los territorios de ultramar. Y es que, al firmarse el Tratado de Roma, que dio origen a la Comunidad Económica Europea (CEE), los países europeos (Bélgica, Italia, Francia y los Países Bajos) que ya mantenían cierta relación comercial con sus colonias africanas no querían ver destruidos estos vínculos. Propusieron un tipo de asociación entre la CEE y las colonias africanas. Las reuniones en Roma entre los días 24 y 26 de enero de 1961 entre los parlamentarios europeos y los africanos sirvieron para acordar los términos de dicha asociación. El primer convenio se firma en Yaundé (Camerún) el 20 de julio de 1963. En él se establecieron dos áreas de actuación: *a*) comercial, mediante intercambios comerciales bajo régimen de preferencias recíprocas y *b*) financiera y técnica, a través de programas de cooperación financiera y técnica apoyados por el Fondo Europeo de Desarrollo (FED). Y también cuáles serían las instituciones de dicha asociación: el Comité de Asociación, la Conferencia Parlamentaria y el Arbitraje. El segundo acuerdo de esta naturaleza se firma también en Yaundé el 29 de julio de 1969, con entrada en vigor el 1 de enero de 1971.

Los acuerdos de Yaundé integraban únicamente los 18 estados africanos francófonos, llamados grupo EAMA (Estados Africanos de Madagascar y Asociados), dejando fuera las colonias inglesas. Para dar cabida a estas últimas, de los dos Convenios de Yaundé se pasaron a las convenciones de Lagos y de Arusha respectivamente. La primera de ellas se firma en Lagos (Nigeria) el 16 de julio de 1964, pero no se llegó a ratificar debido a la injerencia de Francia en la guerra de Biafra. Más tarde se suscribe el primer acuerdo de Arusha I el 26 de julio de 1966, que fue sustituido por otro: Arusha II, firmado el 26 de septiembre de 1969, que reemplazaba el primero al no haber entrado en vigor. Estos acuerdos tenían la misma literatura que los de Yaundé, con la excepción de no hacer mención de la ayuda financiera y técnica.

De estos acuerdos se pasaron a los Convenios de Lomé. Se firmaron en total cuatro. Los Convenios de Lomé instituyeron dos tipos de fondos de ayuda financiera: los Stabex, para los productos agrícolas, y los Sysmin, para los mineros. En su sustancia ambos fondos tenían un funcionamiento similar. Se establecía un sistema compensatorio a partir de una determinada relación de productos (agrícolas y mineros) así como los topes de estos. Los productos agraciados por esos fondos gozarían de una política que estabilizara sus precios. Dicho de otra manera, cualquier variación a la baja de sus precios sería recompensada con una subvención de la CEE, de manera que, en el mejor de los casos, los agricultores obtendrían los mismos ingresos a igual cantidad de productos vendidos. Pero el sistema tenía trampa doble. Primero, los precios de esos productos no se fijaban por la ley de la oferta y demanda sino desde los despachos de la CEE. Segundo, los precios de los insumos y manufacturas para producir las exportaciones africanas (que no paraban de subir) también se fijaban desde los mismos despachos. O sea, mientras los ingresos por algunas exportaciones africanas se mantenían constantes, los costes para producir esos ingresos no paraban de elevarse. Ya se sabe cuál es el resultado de la operación. África tenía que seguir produciendo cada vez más para, por lo menos, igualar la ecuación. Y es que la cooperación diseñada por Occidente para con África se entendía únicamente desde la premisa de una agricultura primaria si se querían sortear las insuficiencias financieras internas. Así se lo hicieron saber e impusieron a los dirigentes africanos.

Esta situación se prolonga hasta las postrimerías de la década de 1990. África, que había apostado por un socialismo, empieza a observar un cambio de tendencia que se produce en la misma China, Rusia y sus satélites, quienes manteniendo posiciones comunistas en lo político empiezan a dar un viraje importante al capitalismo en lo económico y les va bien. Además, China se les ofrece proponiéndoles cooperación económica-financiera, sin las condiciones que Occidente les demanda. La buena «gobernabilidad». Faltaría más. Mientras Occidente vincula su cooperación con África a las cuestiones políticas, China, sin embargo, mantiene la «neutralidad». Desvincula lo económico de lo político, por ahora, con la excepción en Sudán, donde no ha dudado en establecer una importante base militar para salvaguardar sus intereses comerciales. Y con esta máxima China empieza a ofrecer liquidez, mucha liquidez, para desarrollar infraestructuras ejecutadas con sus empresas. Y con esta oferta tan apetitosa, África no tardó en dar su *OK* a China, que, exceptuando pocos países, está presente en varios sectores de la economía africana. Con el capital chino varios países no petroleros, e incluso los petroleros, se lanzan hacia la modernización de sus infraestructuras. También como China, aparcan los objetivos de la buena gobernanza (no deja de ser un discurso occidental) y emprenden el camino hacia la emergencia. El socialismo tribal a lo bantú sigue cohabitando con el capitalismo y se agudizan los niveles de la economía informal y los de la corrupción. Ya habrá tiempo para combatirlos, supongo. Mientras tanto, la economía va creciendo y creciendo, y la euforia hacia la emergencia se respira por doquier.

SEGUNDA PARTE

2.1. Indicios de autogestión

A partir de 1990, África parece haber entendido varias cuestiones: que sin democracia y con guerras tribales no es posible desarrollo alguno; que los gobiernos vitalicios son más bien una lacra, porque ninguno de nosotros somos eternos y el único derecho seguro que tenemos todos los seres vivos es el de muerte, por lo que no vale la pena inmortalizar a nadie; que la historia siempre acaba pasando factura; que Occidente cooperará, sí, pero que no descuidará sus objetivos internos por desarrollar a África; que solo con el concurso de todos es posible avanzar hacia el bienestar, porque nuestras verdades no son exclusivas, y, sobre todo, que África es fuerte y lo tiene todo para desarrollarse desde dentro. También habrá que reconocer que desde entonces Occidente ya no estaba por la labor de seguir respaldando a dictadores africanos, porque los efectos de sus actuaciones ya estaban sacudiendo al mismo Occidente; la inmigración, por ejemplo, como ya se indicó arriba. Y también porque China estaba entrando con fuerza en África contra los intereses occidentales. Tenía que hacer algo diferente si quería seguir manteniendo su influencia y su cantera de materias primas a precio de saldo. Creo que estas son las claves que explican el cambio de tendencia en África a partir de principio de la última década del siglo pasado.

Pero sean estas u otras razones, lo cierto es que desde entonces África empieza a marcar su propio rumbo. Por fin y desde entonces los dirigentes africanos han comprendido que un buen dirigente es aquel que une e integra a todos por sus capacitaciones en el proyecto global, el de todos, y no solo a sus parientes y amigos. O sea, que gobernar es el arte de unir y no de separar. También han entendido que la gestión de la *cosa común pública* es un compromiso, un deber e incluso un derecho de todos; a todos les corresponde formar parte de ese gran proyecto por el desarrollo del país. Y que en un Estado sin seguridad ni libertad no es posible desarrollo alguno. Han entendido por fin que la paz es aquella variable, no necesariamente económica, que juega un papel vital para el desarrollo integral del país; que los gobiernos totalitarios solo generan atrasos y penurias para las naciones, que con las intransigencias ningún presidente puede sentirse legitimado para gobernar y que eso, en definitiva, no es hacer política. Habría que abandonarlo. Y aun cuando todas estas realidades están por cumplirse en sus niveles óptimos y hay todavía mucho camino por recorrer, ciertamente se está trabajando por ello y para ello.

Con la reducción de los golpes de Estado y de las guerras tribales, las frágiles democracias han ido dando lugar a una cierta estabilidad política y, con ella, a una mayor libertad de expresión. El pueblo ya no sufre en silencio los excesos de sus dirigentes. Ya se rebela contra aquellos que quieren cambiar las constituciones para perpetuarse en el poder o para dejar en herencia a sus hijos la *cosa común pública*. Las cámaras de representación del pueblo van siendo multicolores. Poco a poco las elecciones van siendo plurales. En algunos casos son elecciones amañadas y bien amañadas, pero no importaba. El andar ya se inició. También el multipartidismo está permitiendo debatir cuestiones políticas-sociales y, sobre todo, económicas desde diferentes visiones, siempre con un mismo horizonte, cual es desarrollar África desde las propias profundidades y esfuerzos locales. Asimismo, esta relajación en la inestabilidad política iba propiciando la entrada de capital inversor extranjero, aunque en este caso hay otros factores favorables que se analizarán más adelante, y el propio empresario local ya se está ofreciendo. En definitiva, el camino (sin retorno a las dictaduras) ya se está haciendo, a pasar de ciertas lagunas. El desarrollo democrático irá corrigiendo esas carencias.

La evolución económica de África a partir de 1990 empezó a ser positiva, debido a varios elementos determinantes: *a*) el aumento de la producción y la subida de precios de algunos productos básicos, con especial énfasis en el petróleo y en la minería, contribuyeron a la mejora de la balanza de pagos de los países que lo exportaban; *b*) la mejora de las condiciones climatológicas, para algunos países muy dependientes del sector agropecuario, favoreció considerablemente el aumento de las exportaciones, la reducción de las importaciones de alimentos y la seguridad alimentaria; *c*) una mayor incorporación de la población activa, liberada de las guerrillas inútiles, en la actividad productiva; *d*) una acertada combinación de políticas monetarias restrictivas con medidas económicas liberalizadoras permitió a ciertos países —como Benín, Uganda o Zambia— liberalizar el comercio exterior de sus países.

Este cambio de tendencia no pasaría tan desapercibido para los Estados Unidos de América, cuyo comercio en África ha ido en aumento desde entonces. Y es que los Estados Unidos que no daban importancia comercial alguna en África ahora sí que la considera como una zona excelente para hacer negocios. Mientras Francia, castigada por su Operación Turquesa en Rwanda en la primavera de 1994, iba perdiendo fuelle en África, los Estados Unidos de América fue intensificando su presencia comercial y política. También los países asiáticos emergentes, escasos de materias suficientes para sostener el empuje de su crecimiento económico, empezaron a ver en África el mercado idóneo para aprovisionarse. Especialmente China, cuya presencia en el conjunto del mapa africano es un hecho. Está casi en todo. «Se abastece de petróleo y derivados (en más del 30 %) en el golfo de Biafra, Angola, Argelia, Chad y Libia; de aluminio, cobalto, cobre, diamante y uranio en Sudáfrica, África Centro Oriental y Sierra Leona; de titanio en el Cuerno de África; de algodón en Benín; de madera en África Central Ecuatorial; de la pesca en Angola, etc.»[6]

6 Véase *Crisis y capitalismo en el tercer mundo*, pág. 57.

2.2. Cambios significativos

Sin duda, después de varias décadas deambulando al amparo de las directrices de Occidente y de sus instituciones financieras, África decide aparcar buena parte de las recetas occidentales y emprender su camino desde una autogestión ordenada. Un camino no exento de titubeos, hasta en cierto modo, de incredulidad y «amenazas» por parte de las Instituciones occidentales.

La actualidad africana se puede definir como la de un continente en plena efervescencia, en busca del tiempo perdido. Los avances que África subsahariana ha logrado en la última década en términos políticos, económicos y sociales no son pequeños, aunque todavía son poco visibles e incluso imperceptibles para muchos africanos. Estamos ante una zona geográfica, dentro del contexto mundial, que está creciendo en torno al 6 % de media en los últimos cinco años y cuyos flujos financieros se han multiplicado por cuatro, y se prevé que sus niveles de consumo interno se multiplicarán por dos en la próxima década. Por supuesto que, como en casi todo, nos encontramos con dos posiciones de opiniones claramente identificadas.

Por un lado, hay quienes consideran que estamos ante un proceso sin vuelta atrás que se debe a la influencia de cinco variables.

1. El fin de las dictaduras y de las guerras étnicas, que han propiciado un escenario de mayor participación de la población en el cometido de la *cosa común pública*. Conjuntamente, la ausencia de conflictos políticos está favoreciendo que algunas regalías, consecuencia de la extracción y explotación de recursos primarios, estén permitiendo desarrollar ciertas infraestructuras de base.

2. Los esfuerzos por la autogestión iniciados a principios de la última década del siglo pasado, también favorecidos por un clima de paz, han permitido aflorar las capacidades emprendedoras de los africanos.

3. El cambio de posicionamiento político. Del burdo y rancio socialismo o solidaridad entre los pobres de los primeros treinta años de la independencia se ha pasado a un liberalismo económico. Se ha constatado que en aquellos países donde el liberalismo se ha asentado se han detectado mayores avances en el comercio exterior y en las mejoras en la balanza de pagos.

4. También África ha apostado claramente por la cooperación Sur-Sur, dejando en escenario secundario la cooperación estéril Norte-Sur que tanto daño le ha hecho.

5. Por último, la fuerte presencia de los países emergentes (China, la India, Brasil) en busca de las materias primas africanas está vigorizando el comercio exterior de África. Especialmente China, cuya expansión económica contrasta con su déficit de recursos primarios. Y es aquí donde ha encontrado en África su aliado fiel. La cooperación china está exenta de la contrapartida del «buen gobierno» que preconiza y condiciona Occidente, como ya se ha comentado antes. A cambio de las materias primas, China inyectará en África los capitales que esta necesita para la construcción de carreteras e inmuebles, solo condicionado a que sean ejecutadas por compañías chinas.

En todo caso, la sinergia de todas estas cinco variables es la consecuencia directa de este dinamismo que está permitiendo que África empiece a mirar el futuro con más optimismo. Algunos analistas consideran que es la irrupción de China la que está permitiendo todo este proceso. Una reflexión bastante sesgada, por mi parte, porque, si bien es cierto que se puede considerar esta circunstancia como una palanca importante, no es menos cierto que el impulso que está tomando actualmente África no se puede atribuir exclusivamente a la presencia del gigante asiático ni que la producción interior de África dependa solo de sus recursos mineros y agrarios. De hecho, el acierto de las otras cuatro variables está permitiendo que, a diferencia de lo que se venía produciendo desde las independencias hasta finales de la última década del siglo pasado, los ingresos procedentes de las materias primas se están reinvirtiendo en la construcción de infraestructuras básicas, esenciales para sostener un desarrollo inclusivo. En esto también ha contribuido el fin de las dictaduras y los esfuerzos por modernizar las estructuras económicas, burocráticas y judiciales, proporcionando una sustancial mejoría en la seguridad jurídica y en el clima de negocios, elementos primordiales para atraer inversiones de otros países. Al tiempo, movido por esta seguridad, confianza y el discurso y mentalización para la autogestión, el empresariado africano se está lanzando en busca de su cuota de mercado, al menos en sus países y en algunas otras regiones de África. Ahora, la producción interior bruta africana ya no es cuestión exclusiva del capital especulativo extranjero. Los propios africanos empiezan a ser artífices de su propio destino, aunque el porcentaje de su participación en la actividad económica sigue siendo bajo por ahora (menos del 10 %), pero se espera que vaya en aumento en los próximos años.

Por otra parte están los que consideran que este auge económico (tan repentino) es todavía muy frágil y tiene que sortear innumerables barreras para asegurar la inserción del continente en el contexto de la economía global. Quedan importantes retos pendientes (en particular la educación, la sanidad, la inversión ordenada en infraestructuras y, sobre todo, un tejido productivo consistente), esenciales todos para asegurar un crecimiento sólido e inclusivo. Tampoco son menores los desafíos institucionales, políticos y sociales. Junto a la consolidación democrática en la gran mayoría de los países, persisten conflictos armados y Estados fallidos. Esta corriente de opinión considera que, si bien se está detectando una incipiente actividad económica en África, no es menos cierto que en la mayoría de los países sigue siendo tan solo un proceso sinérgico sin estructurar.

En todo caso, desde una reflexión intermedia, ambas corrientes de opinión reflejan posiciones confluentes. Los avances que se están produciendo en África subsahariana son innegables. Es una realidad incontestable, comparativamente con apenas veinte años atrás. Como también es cierto que esta dinámica de crecimiento económico debe ir acompañada de un proceso de desarrollo sostenible capaz de sortear las innumerables penurias todavía presentes en la inmensa capa de la población africana, para que se consoliden las expectativas hacia la verdadera emergencia económica. Cuestión que se analizará en el siguiente capítulo.

2.3. El África que viene

Sin duda, este acelerado crecimiento no está pasando desapercibido para los analistas ecuánimes. Algunos incluso llegan a vaticinar que en un futuro no tan lejano algunos países africanos pasarán a formar parte, junto con los países emergentes de Asia y Latinoamérica, de aquellos países que vayan a liderar el crecimiento del producto interior bruto mundial. De hecho, hay un grupo de esos países africanos que vienen protagonizando en los últimos años unos niveles de crecimiento del PIB de los más elevados del mundo, solo por detrás de Asia. Son los llamados *leones africanos*. Por supuesto no nos estamos refiriendo a los *leones indomables* de Camerún, un apodo con el que se reconoce a la selección de fútbol de este país. Los *leones africanos*, un símil a los *tigres asiáticos*, será el grupo de los países africanos que definitivamente vayan a romper las barreras y penetren en el mercado global. De hecho, el informe del FMI (de octubre de 2012) conocido como *World Economic Outlook* concluye que «diez de las veinte economías con mayor potencial de crecimiento hasta 2017 (ninguna occidental) son países africanos». En esa batalla por formar parte de los elegidos, de los *leones africanos*, estamos todos. Pero vayamos por partes, porque las generalidades pueden ser odiosas, además de exageradas.

Una lectura más rigurosa permite establecer una clara separación entre los países que están camino hacia la emergencia económica, siempre con los correspondientes matices, de aquellos otros que simplemente generan actividad económica cíclica debido a las sinergias generadas por la mayor producción de sus materias primeras.

En ese primer grupo, nos encontramos en primer orden con Sudáfrica. Con diferencia, el país de Madiba Mandela es una referencia obligada de aquellos países llamados a tomar riendas del despegue económico de África. De hecho, es el primer país africano integrado dentro del grupo de los países que previsiblemente vayan a marcar el devenir económico de este siglo, junto con Brasil, Rusia, la India y China. Es el grupo conocido como los BRICS. Y es que Sudáfrica ya es una potencia en ciernes. Su economía es una de las más importantes de África: la primera. Excepto petróleo, su subsuelo tiene casi de todo. Cuenta con unas reservas mundiales de grandes magnitudes: manganeso (80 %); cromo (68 %); grupo del platino (los conocidos como PGM, en inglés 56 %); vanadio (45 %); silicatos de aluminio (37 %); oro (35 %), y otros. Sobre estos recursos cimentó su actividad económica y exportaciones desde finales del siglo xix. Actualmente, con el desarrollo de otros sectores (construcción, turismo, agroalimentación, servicios financieros, vinicultura, etc.), la economía sudafricana genera casi el 30 % del PIB del continente africano, superior al conjunto de las economías de Nigeria, Kenia y Egipto juntas, lo que lo convierte en un país clave para el desarrollo de la economía de toda la región sur y del continente africano en general. La pertenencia de Sudáfrica en el grupo de los nuevos países emergentes (BRICS) no es por lo tanto una casualidad, pero sí un indicativo de lo que va a aportar este país en el contexto de la economía mundial. A pesar de todo lo dicho, Sudáfrica que cuenta con una democracia ya estable, afronta tres grandes retos que debe superar: el crimen organizado, la delincuencia y la corrupción. Este peligroso cóctel es una verdadera amenaza, que podría comprometer su desarrollo estable y su emergencia económica.

En segundo lugar, está el gigante Nigeria. Uno de los países más gigantes territorialmente del continente, el más poblado y también uno de los más castigados por los golpes de Estado: uno cada dos años, por lo menos, desde su accesión a la independencia (1960). Treinta años de golpes de Estado, revueltas y guerras civiles hasta que Olusegun Obasanjo, del Partido Democrático del Pueblo, accediera al poder en febrero de 1990 a través de elecciones plurales y libres. Desde entonces parece ser que, por fin, los nigerianos han entendido que solo la democracia participativa y de alternancia en el poder traería sosiego y el bienestar de todos, también de los no nigerianos, porque Nigeria está llamada a ser una de las locomotoras de la economía africana. Desde entonces y en apenas 21 años este país se está convirtiendo en una de las economías más grandes, potentes y prósperas de África, amenazando incluso la supremacía de Sudáfrica en el continente y también próximo a formar parte del grupo BRICS.

La explosión económica de Nigeria no se debe tan solo a su producción del petróleo (del que es el gran productor continental), sino que también se sustenta sobre diversos sectores que han sido capaces de articular industrias tan vibrantes y de impacto en el ámbito continental. Es el caso de la cinematografía, la música, el comercio electrónico, las telecomunicaciones, el cemento, la alimentación y pequeñas industrias transformadoras de zapatos, de electrodomésticos y textiles. Todas ellas se están asentando en buena parte del continente. Un dato destacable es que la industria cinematográfica nigeriana (Nollywood) se ha convertido ya en la tercera del mundo por detrás de la Bollywood de la India y la Hollywood estadounidense. El empuje de estos subsectores (que están permitiendo vehicular otras tantas ramas de la economía productiva) es una de las razones por las que Nigeria está creciendo a un ritmo del 7 % anual. Y es que el petróleo de Nigeria ha permitido generar una actividad empresarial privada importante que, en definitiva, es la base de cualquier economía que pretenda crecer sosteniblemente. Se ha deslizado hasta en los bolsillos de los nigerianos y ha permitido forjar grandes fortunas empresariales. Es el caso, por ejemplo, de Dangote Group. Este gigante nigeriano-africano de cemento y alimentación cuenta con centenares de industriales tanto en Nigeria como en diversos países africanos.

Otro factor igualmente tan importante es su población. Estamos hablando del séptimo país más poblado del mundo y, consiguientemente, de un mercado de aproximadamente 200 millones de habitantes y de oportunidades de negocio que cuando las regalías del petróleo han ido expandiéndose en los bolsillos de cada uno, desde diversas manifestaciones, han ido favoreciendo esta revolución económica.

Sin embargo, hay que matizar ciertas preocupaciones. La inestabilidad, la inseguridad y la corrupción. Este es el talón de Aquiles de Nigeria, los pies de barro de este gigante africano. No en vano, algunos analistas no dudan en afirmar que Nigeria crece económicamente desde el caos, situación que podría comprometer su emergencia. No es para menos. Su innegable dinamismo en lo económico tropieza una y otra vez con la existencia de una fuerte delincuencia organizada y con su propia incapacidad para acabar con dos serias amenazas que ejercen una especie de pinza. En el contaminado delta del Níger, el corazón petrolero del país, un puñado de bandas armadas se disputa los beneficios del negocio y ataca oleoductos. En el norte, el Estado está prácticamente en guerra contra el sanguinario grupo terrorista de corte islamista radical Boko Haram. Por lo pronto, casi el 60% de dicha población es juvenil y de ella aproximadamente el 50% está en paro o dispone de un empleo en condiciones precarias. O sea, es un dato que no debe pasar desapercibido para el gobierno. De hecho, preocupa y mucho a las autoridades nigerianas. O crean un escenario que haga partícipe a este segmento poblacional en la construcción de la nueva Nigeria que se asoma a la emergencia, con políticas activas de empleo o de empoderamientos para crecer más y mejor, o la delincuencia, el crimen organizado y la corrupción podrían arruinar las expectativas de este país emergente. Se trata de un escenario que inquieta mucho a las autoridades del país. El propio Muhammadu Buhari, entonces presidente de Nigeria, llegó a afirmar: «Si nosotros no matamos a la corrupción, la corrupción va a matar a Nigeria». Una preocupación que es compartida por más del 88 % de los nigerianos. La corrupción en sus múltiples manifestaciones (extorsiones rutinarias, sobornos por doquier, abusos contra los derechos humanos, desfalco y malversaciones de fondos públicos, etc.), la inseguridad y la delincuencia están dejando insolvente la teórica judicial. Y los más perjudicados son precisamente las víctimas de estos atropellos. Hay incluso algunos nigerianos que empiezan a ver la justicia nigeriana como un producto en subasta, siempre al mejor postor. Y, por si fuera poco, la presencia del crimen organizado no ha venido sino a complicar más la situación. El grupo terrorista Boko Haram —asentado en el delta del Níger con sus sabotajes en los campos petrolíferos y refinerías— y otras organizaciones menores, y no por eso menos dañinas, no cesan de causar terror en un país que aún no ha superado los conflictos étnicos-religiosos y regionales. Siguen latentes las diferencias entre católicos y musulmanes; el norte y el sur; los hausas y los yorubas. Todas estas variables adversas hacen que la riqueza nigeriana no sirva, hasta ahora, para transformar el país en un lugar habitable y seguro para su población. Pero, sobre todo, para aliviar el problema de la pobreza extrema que azota a casi el 60 % de la población que vive sin acceso a la sanidad, la educación básica, vivienda digna y acceso a la electricidad.

Angola se sitúa claramente en tercer lugar, pisándole los talones a Nigeria. Ha decidido poner tierra de por medio a 27 años de guerras intestinas. Con la reconciliación nacional y una democracia participativa y plural, Angola ha puesto en marcha su apisonadora. Para ello se ha apoyado en primer lugar en su petróleo. Aprovechándose de la calidad de su crudo y del elevado precio de este (hasta 2015) y bajo los programas de reconstrucción nacional, ha volcado su elevado gasto público en la construcción de redes de carreteras, edificios y telecomunicaciones. Y mediante una efectiva política de redistribución más igualitaria de la riqueza nacional ha permitido inyectar recursos en varios sectores y también en la población. Fruto de ello, tras un decenio de esfuerzos y sensatez, se ha permitido que la economía nacional no descanse tan solo en el sector petrolero, sino que también el sector no petrolero, con una participación del 18,6 % del PIB nacional, vaya adquiriendo importancia. Actualmente la estructura económica del país en cuanto a ingresos queda definida por un sector petrolero, que representa un 11,5 % del PIB; un sector no petrolero, que aporta un 18,6 % del PIB, y otros sectores contribuyen en casi el 70 % del PIB. Este equilibrio y la no dependencia del petróleo han permitido impulsar el despegue económico, cuya tasa de crecimiento medio anual es del 15 % en los últimos años. Pero el éxito de Angola en este sentido hay que atribuirlo a la solidez de su sistema bancario durante la primera mitad de la década anterior, gracias a la cual se pudo inyectar recursos en la economía productiva, cuyos depósitos se multiplicaron por 20. Y por supuesto las reservas en divisas se duplicaron. Un escenario que generó confianza a los inversores extranjeros.

Angola es admitido como miembro de la OPEP en enero de 2008. Este hecho unido a que su petróleo de gran pureza (al que se denomina «crudo dulce» por su bajo contenido de azufre) es muy codiciado y su posición geopolítica, lejos de las turbulencias que azotan Oriente Medio y de la inestabilidad que ofrece Nigeria, hacen de Angola un socio geoestratégico importante para los intereses de China, que importa un 15 % de su producción. Pero Angola, a diferencia de lo que ocurre en varios países africanos en los que ha irrumpido el gigante asiático, no contempla trato de favor hacia China, a pesar de los acuerdos crediticios suscritos con China Exim Bank. Justo lo contrario, está por la labor de reducir la implicación de las empresas chinas, a cambio de aumentar (atraer) las inversiones de la Unión Europea y de potenciar las iniciativas locales. Buena parte de estas iniciativas se están concentrando en desarrollar industrias extractivas, que actualmente representan el 60 % del PIB nacional.

Pero, como sucede en el conjunto de África, Angola debe hacer frente a grandes retos: mejorar las infraestructuras (sanidad, educación, comunicación y viviendas) y reducir las desigualdades sociales, luchar contra la corrupción y la delincuencia.

Estos tres países y por este orden (Sudáfrica, Nigeria y Angola) están llamados a pivotar la revolución emergente de la economía africana. Pero no serán los únicos. Pronto otros, en un perfil ligeramente inferior, también están llamando a la puerta. Es el caso, y por este orden, de Kenia, Marruecos, Botsuana, Rwanda, Costa de Marfil y Mozambique, a los que se podrá sumar Egipto, una vez se recupere de los efectos de la Primavera Árabe, y, en un perfil menor, otros países (como Camerún y la República Democrática del Congo) que tienen mucho que decir en ese proceso emergente africano, a partir de mediados de este siglo, a medida que vayan dejando atrás los regímenes seudovitalicios. Lamentable, en esta batalla por la emergencia de África, la primavera verde se llevó de por medio a la Libia de Gadafi. Ahora toca una durísima reconstrucción política, restañar las heridas sociales y reorganizar la actividad económica. Recursos no le faltan.

En el contexto africano, la economía keniana se sitúa claramente en cuarto lugar, liderando el crecimiento económico de su subregión. El éxito de este país del este de África, sin yacimientos de petróleo, se debe a que ha sabido concentrar sus esfuerzos en los subsectores de la construcción, telecomunicaciones, transportes, turismo y manufacturas. Apostó por el liberalismo y potenció la llegada de compañías extranjeras. Se aprovechó de su localización geográfica y de su buena red de infraestructuras, para convertirse en el centro comercial y financiero del este de África, cuyos resultados se han traducido en un grado de apertura al exterior de casi el 69 %. Una sensata política de modernización de las infraestructuras le ha permitido reducir la dependencia de la agricultura y favorecer el sector de servicios, con el turismo como su máximo exponente que aporta más del 60 % de su PIB. Y en menor medida el transporte y las comunicaciones, el subsector industrial, especialmente destacable el sector manufacturero, y el subsector financiero. También, con su visión emergente para 2030, ha puesto gran empeño en la gestión macroeconómica, consiguiendo estabilizar las grandes magnitudes macroeconómicas.

«Kenia Visión 2030» es una apuesta ambiciosa y estratégica del gobierno de Kenia para modernizar el país en lo político, económico y social. El plan, que abarca el periodo 2008-2030, pretende culminar con la transformación total del país a través de la formación especializada de los recursos humanos, de la industrialización y el incremento de la competitividad. En ese empeño están los keniatas.

Marruecos, compitiendo codo a codo por el cuarto lugar con Kenia, es de los pocos países africanos que desde su independencia optó por el liberalismo económico. Consciente de su escasez de recursos mineros (el fosfato es su principal riqueza), apostó por la apertura hacia el exterior, por una estabilidad macroeconómica y una baja tasa de inflación. Su política privatizadora de las empresas públicas y la liberalización de varios sectores de la economía han ido permitiendo mayor diversificación y un crecimiento sostenible de la economía y, con ello, la mejora de las condiciones de vida de los marroquíes. Sus acuerdos comerciales con la Unión Europea, Estados Unidos de América, su cooperación Sur-Sur (especialmente con los demás países africanos) le están permitiendo ampliar su base de intercambios comerciales con el exterior y una mayor integración de su economía en la economía mundial. Pero por encima de todo, ha sabido emprender importantes reformas políticas y económicas que han permitido grandes avances en la actualización del marco legal e institucional y en la modernización de las estructuras económicas y financieras y, con todo ello, mejorar el clima de negocios. Actualmente la economía de Marruecos está caracterizada por su estabilidad macroeconómica, por la baja tasa de inflación y un cuidadoso manejo de las finanzas públicas. Con estos atractivos tan esenciales para los capitales externos, la economía marroquí se ha visto beneficiada por el impulso del empresario extranjero desde los inicios de los años ochenta.

Marruecos es, junto con Costa de Marfil y Guinea Ecuatorial, uno de los tres países africanos madrugadores en fijar su horizonte emergente para el año 2020. Para lo cual ha ido avanzando en su política de apertura económica y financiera con el objetivo de alcanzar una mayor liberalización de los intercambios comerciales con el exterior, una mayor integración de la economía marroquí en la economía mundial y contribuir a la consolidación del sistema multilateral de comercio. La diversificación de su economía queda patente en la procedencia de sus ingresos presupuestarios: la agricultura aporta el 17 % y ocupa a más del 40 % de la población; la industria, el 32 %, de donde el subsector textil y el agroindustrial son los más predominantes, y los servicios el 51 %, con el turismo como su máximo exponente, que ocupa cerca del 40 % de la población activa. Otros subsectores como la pesca (que aporta casi el 15 % del PIB), la automoción, informática y electrónica están incrementando su contribución en el PIB del país. Su estrategia industrial, lanzada a principios de 2014 por un periodo de seis años (2014-2020), pretende llevar el país hacia la emergencia económica, combatir sus altas tasas de desempleo y atraer mayor capital extranjero seducido por los bajos niveles salariales. Y como gancho especial, el gobierno marroquí aprobó un fondo de 1800 millones de euros para subsidiar a las empresas que se instalan en el país. En todo esto, la política para el crecimiento económico del país siempre se ha basado en un modelo de inversión mixta. Una asociación entre el Estado y el sector privado nacional y extranjero para las infraestructuras económicas y para mejorar la distribución de la renta y el empleo, dichas infraestructuras se van orientando hacia las regiones marginales del país en su deseo de *horizontalizar* su desarrollo.

Capítulo aparte se merecen dos países más, que, sin fijarse un horizonte temporal, están marcando unos niveles de desarrollo que hay que tener en cuenta en el contexto africano: la República de Botsuana y la República de Rwanda. Por una parte, está Botsuana, antiguo protectorado británico del que apenas se habla si no es para referirse a su gran parque nacional (Chobe), a su reserva de caza (Moremi) o a su delta y llanuras de Okavango.

Pero este país es muchísimo más que eso. Situado al sur de África e independiente desde el 30 de septiembre de 1966, atesora una valiosísima historia y es un gran referente en el contexto africano e incluso, en algunos aspectos, en el mundial. Por de pronto, desde su independencia, no ha conocido golpe de Estado alguno, ni revueltas políticas o guerras interétnicas, a pesar de que su capital (Gaborone) está a tan solo quince kilómetros de Sudáfrica. Su estabilidad política se debe a sus primeros cuarenta años independientes en concordia, «gracias al impulso dado por sus dos primeros presidentes (Seretse Khama y Ketumile Masire)», afirma el profesor de política en la Universidad de Botsuana, Kebapetse Lotshwao. Durante ese periodo especialmente exitoso se asentaron las bases de lo que es hoy el país, gracias a la visión estratégica del Estado impulsada por Seretse Khama y continuada por todos sus sucesores cuidadosamente escogidos por el pueblo. Una democracia asentada en la alternancia política electoralmente, aunque sea el mismo partido político que gobierna. Con una población de poco más de dos millones de habitantes sobre un territorio de 231 804 km², se ha gestado un Estado de valores plurales e identidad patriótica. Desde una visión retrospectiva, buceando en el ADN de este país, podemos afirmar que el consenso es la forma de gobierno que lo ha caracterizado, incluso antes de la independencia. Ahí tenemos a su gran asamblea étnica, la *kgotla*, donde se reunían todas las etnias para debatir las cuestiones políticas y sociales de la comunidad concerniente. Las decisiones se adoptaban por consenso y no por mayoría étnica. Un sistema que basó la actual estructura pluripartidista del país.

En lo económico, se trata de un país rico en diamante, del que es el primer productor (por delante de Rusia). También posee importantes yacimientos de cobre, carbonato sódico, gas, níquel, potasio y metano. Es el único país del mundo que ha registrado una tasa de crecimiento constante en casi 30 años consecutivos, gracias al impulso de su recurso estrella. Aprovechándose de los ingresos de su subsuelo y de la ayuda internacional, pudo asentar una transformación que hoy en día le catapulta en la lista de los países de ingresos medios-altos, según el Banco Mundial. Podemos decir que el diamante de Botsuana o sus recursos mineros no han sido una maldición ni punto focal de revueltas y guerras, como lo han sido en otros países de África: la República de Chad, Liberia, Sierra Leona o la República Democrática del Congo representan su antítesis. Al contrario, es un país con los índices más bajos de corrupción. Ninguna revista de relieve internacional ha señalado todavía a algún dirigente o personalidad de este país como uno de los que dilapidan recursos del país con destino a algún paraíso fiscal extranjero. Curiosamente de este país apenas se habla, como no sea de la vida y cacerías de leones en Okavango. Una clara manifestación de que interesadamente algunas opiniones sesgadas están más interesadas en mostrar a África como un continente estancado y desastroso. Cuando en realidad, si bien es cierto que hay caos en varios países, no es menos verdad que en otros (este es el caso) los avances son muy notorios y bien merece la pena señalarlos, porque permite cuando menos ser un espécimen para imitar por los demás países.

Por su parte, tenemos a la República de Rwanda, un país que hasta hace poco menos de 26 años estuvo sumido en una terrible guerra tribal y ahora está dando lecciones magistrales de cómo se deben hacer bien las cosas. Está siendo un referente de desarrollo inclusivo en África. A diferencia de su vecino (Burundi) y su antítesis, hoy se habla del «milagro económico de Rwanda». Su aspiración, sin ponerse la chaqueta del discurso político de horizontes emergentes, es transformarse en un gran centro financiero de la subregión con tan solo 26 000 km^2 de territorio y con una población próxima a los 13 millones de habitantes. La pregunta es: ¿cómo este país ha podido transformarse para bien en tan poco tiempo? La explicación es doble. Por una parte, la estabilidad política. Tras el genocidio, el país tuvo que cambiar ciertas claves de gobernar el país. Sustancialmente entendió que, sin el consenso, y no por criterios étnicos, no es posible gobernar la pluralidad; que la mayoría étnica no es ninguna condición para coparlo todo, relegando a los demás en un papel marginal; que el poder se debe repartir y compartir, para que todos se sientan parte del gran proyecto de país. Con estas tres máximas, se armó un pacto social donde tanto la mayoría étnica como las minorías estuvieran bien representadas y que también favoreciera una mayor presencia de la mujer en los órganos de decisión y administración de la *cosa común pública*. En esta estructura, y con toda la redundancia, se asentó el principio de que «vale para una cosa o cometido, el que vale para esa cosa o cometido». Nada de parentescos, amiguismos o posicionamientos étnicos y regionalismos caducos, todavía presentes en algunos países africanos. Dicho de otra manera, Rwanda entendió por fin que lo que separa una sociedad subdesarrollada de la desarrollada está en la percepción del valor de la persona. Mientras que en las sociedades atrasadas (que no quieren avanzar) lo basan todo en estructuras tribales, clanes y en la adulación, las sociedades desarrolladas (o las subdesarrolladas que quieren avanzar) se asientan más bien en el valor de la persona, donde la prioridad la marca la capacitación de lo que cada uno puede contribuir según esfera en ese gran juego social (véase *El juego social*, págs. 55-56). Y con esta visión Rwanda permitió la integración de todos, no solo para restañar heridas, sino para avanzar hacia un desarrollo horizontal. Este consenso permitió, así mismo, crear estructuras estables, desde unas pautas de conducta comunes; generó confianza y mitigó los efectos del desamor entre las diferentes etnias, remando todos hacia la misma dirección, y el país y sus dirigentes empezaron a generar certidumbre entre su población y en el espectro internacional.

Por otra parte, y con las claves anteriores bien engrasadas, hay que señalar el cambio de una economía agrícola rudimentaria a la economía de la información y del conocimiento. De entrada, con la estabilidad política y la tolerancia cero a la corrupción, no en vano se está granjeando ser uno de los países menos corruptos del continente africano y se ha generado una atmósfera propicia para la inversión extranjera, gracias al buen clima de negocios. Hoy Rwanda ocupa el lugar 46 de un total de 200 países en el índice *Doing Business* del Banco Mundial. Expoliado por esta posición, como el país 46 más favorable para los negocios, las inversiones extranjeras están fluyendo a buen ritmo en el país de Paul Kagame, que algunos han llegado a señalar como el artífice del milagro económico ruandés. A colación, la política de industrialización y de una economía del conocimiento con la diversificación hacia los servicios está permitiendo a este país ser uno de los 20 del mundo que está creciendo de manera sostenible. En Kigali (su capital) todos los sectores económicos representan grandes oportunidades de hacer negocio: energía, industria, infraestructuras, minería, servicios inmobiliarios, servicios financieros, las TIC, etc. La estrategia de *Made in Rwanda* está permitiendo el procesamiento de los productos agrícolas, la transformación de productos textiles, prendas de vestir, etc. Con todo este brebaje no es de extrañar su fuerte crecimiento económico.

Por su parte, Costa de Marfil, el mayor productor del cacao mundial, se está consolidando como una de las locomotoras de su subregión, por detrás de Nigeria. De ella se espera que, en la medida en la que vaya resolviendo su inestabilidad política, apuntale aún más su hegemonía en el África Occidental. Su liberalismo económico desde su independencia le permitió tener una economía diversificada. No solo produce y exporta cacao, café, aceite de palma, piña, caucho y algodón, sino que también tiene un sector textil bastante desarrollado, que representa cerca del 15 % de las inversiones netas del país. Su potencial pesquero igualmente le ha permitido desarrollar la industria del enlatado de pescado. También tenía fijado su horizonte emergente para el año 2020. Ya en 2021, todavía es pronto para evaluar el alcance de los objetivos marcados para su emergencia. Sin embargo, su alta dependencia de la agricultura, que emplea cerca del 68 % de la población, y a pasar de las altas tasas de crecimiento económico que está registrando desde el 2012 (próximas al 9 % de media anual), se requieren avances considerables en la economía industrial si el país quiere cumplir con sus objetivos de ser emergente. Igualmente reducir su fuerte dependencia del exterior de los productos básicos y de materias primas para su incipiente industria. Actualmente buena parte de su consumo interior proviene de las importaciones del petróleo y productos derivados, alimentos y bebidas, productos farmacéuticos, equipos industriales y materias primas para dichas industrias. Mientras que sus exportaciones están muy condicionadas a los altibajos de los precios de sus materias primas en el mercado internacional. Igualmente necesita avanzar en las mejoras de las infraestructuras y en las reformas macroeconómicas y jurídicas que consoliden la estabilidad política, mejoren el buen clima de negocios, fortalezcan los sistemas financieros y fiscal y, en definitiva, pongan en marcha su enorme potencial de recursos y población.

En el este de África está Mozambique. Antigua colonia portuguesa hasta 1975, una vez superada una guerra civil de casi 15 años (1977-1992), unido a las inundaciones que lo asolaron años después, que lo situó en el grupo de los países más pobres del mundo; de repente se está convirtiendo en el nuevo «león emergente» de África que ruge cada vez más fuerte. La estabilidad política de los últimos veintitrés años ha permitido a Mozambique emprender reformas macroeconómicas, fiscales y jurídicas, que han permitido estabilizar la economía, reducir el déficit y la inflación, tener un marco de seguridad jurídica para las inversiones, abrirse al comercio exterior y atraer capitales extranjeros vía inversión y ayudas de cooperación. Con este clima favorable intensificó su producción y exportación de carbón, del que es uno de los mayores productores del mundo, y puso en marcha proyectos ambiciosos de infraestructuras. El capital extranjero sigue fluyendo y más ahora que Mozambique está empezando a explotar (2019) sus enormes yacimientos de petróleo y gas que le situarán en el puesto 10 del *ranking* de los países productores de petróleo y gas. Mientras tanto, el país está creciendo a unos niveles medios anuales del 8 %. Espoleado por estas previsiones, el Banco Mundial considera que para el 2025 Mozambique pasará a formar parte del grupo de países de ingresos medios. O sea, emergencia a la vista. No obstante, tendrá que seguir velando por la estabilidad política, mejorando las infraestructuras (sobre todo sanidad y educación) y los niveles de la distribución de la renta para que sus previsiones macroeconómicas culminen en la ansiada emergencia en 2025.

TERCERA PARTE

El tren es nuestro.

3.1. Con la mirada puesta hacia la emergencia económica

En el África de hoy se respira aires de emergencia económica, propiciados por el discurso político, también motivados por propagaciones de organismos e instituciones como la Unión Africana y el Banco Africano para el Desarrollo. Por ejemplo, el Programa de la Unión Africana para los próximos 50 años señala las vías que permitirán garantizar una transformación socioeconómica pacífica, positiva y próspera para 2063 en África. Por su parte, el Banco Africano de Desarrollo es contundente al afirmar que, para el 2050, «África será emergente. Para entonces habrá triplicado su contribución al PIB mundial, lo que hará posible que 1 400 millones de africanos formen parte de la clase media». Con esta efervescencia institucional, la fiebre por la emergencia no ha tardado en extenderse en el discurso político. Alrededor de una treintena de países africanos tienen como objetivo alcanzar el estatus de emergente en sus estrategias nacionales de desarrollo con horizontes utópicos. Unos, incluso, han señalado con pincel rojo la fecha en la que sus países serán emergentes. Los más madrugadores lo han fijado para 2020: Marruecos, Costa de Marfil y la República de Guinea Ecuatorial. Otros, Gabón y Mozambique, cinco años más tarde (2025); Camerún, diez años después (2035). Y así todo un calendario de pomposas intenciones que anuncian el inicio de la nueva era de cada una de las economías africanas: la era de la emergencia económica de África.

Pero, antes de entrar en profundidades respecto de la emergencia económica de los países, conviene señalar unas cuestiones previas. Por de pronto habría que puntualizar que estamos ante un concepto aparecido por primera vez a finales de los años 80 del siglo pasado y muy usado en la economía y en las finanzas públicas. Con él se pretendía designar a los países en desarrollo que crecen a un ritmo muy superior al del resto del mundo, gracias a un proceso de industrialización pujante, con costes salariales bajos y un fuerte desarrollo del capital humano que acabarían generando altos márgenes de beneficios. Circunstancias que, unidas a una apuesta determinante por la iniciativa privada, por un sistema de la libre concurrencia de empresas y por una creciente apertura al exterior, tendrían como resultado la penetración de la producción nacional transformada al mercado global. Dicho en otros términos, un país adquiere la consideración de emergente (siempre desde consideraciones económicas) cuando se encuentra en la antesala del grupo de los llamados desarrollados. Eso quiere decir que buena parte de su producción nacional (PN) está en condiciones de disputarles a los países desarrollados cuotas del gran mercado global. Lo que equivale a decir que cuando un país subdesarrollado emprende el camino al encuentro del mundo desarrollado debe mostrar una competitividad tal que su producción (bienes y servicios) incorpore un valor añadido capaz de satisfacer los estándares requeridos en los mercados internacionales, sin descuidar ampliar la base de la renta real de su población. Esta a su vez debe entenderse como condición transitoria, porque después deberá asentarse en el mercado y, para ello, deberá mejorar sus capacidades competitivas, porque, y según las máximas del capitalismo, «el capital que no se renueva se muere». Esto es tanto como decir que, en un mundo de ritmos y velocidades cambiantes de manera frenética, ya no es suficiente que un país o región exhiba ventajas competitivas estáticas basadas en recursos naturales o en su mano de obra abundante y barata. La nueva competitividad de las naciones requiere incorporar su capacidad de *conocimiento e información*. Esta es la competitividad estructural que demanda el desarrollo sostenido de las naciones, donde su capacidad de innovación tecnológica será determinante no tan solo para ir conquistando cuotas del gran mercado, sino también para mantenerlas. El nuevo paradigma del desarrollo considera esencial que los países que no se abracen a la innovación tecnológica difícilmente podrán beneficiarse del impacto positivo que generan las economías de escala.

Por lo tanto, no basta con construir redes de carreteras, puertos y aeropuertos más o menos equipados; tampoco las infraestructuras inmobiliarias, sanitarias, escolares y de comunicaciones son suficientes. Son condiciones necesarias pero de ninguna de las maneras suficientes. El crecimiento del PIB de estas economías, que puede ser perfectamente desarrollado con capitales especulativos externos sin más arraigo o focalizado en la explotación y exportación de materias primeras sin transformar, es incapaz de conquistar por sí solo el mercado exterior y consolidarse en él. Podrá favorecer equilibrios macroeconómicos momentáneos o progreso de la sociedad más o menos sostenible, pero nada que ver con el desarrollo económico. Hace falta una economía que transforme los productos locales porque es la que permite incorporar valores añadidos a la producción interna y con una constante innovación tecnológica basada en el conocimiento, abrirse paso hacia el mundo exterior. Como dijera Jean Marc Ela, teólogo camerunés, «si bien es verdad que el africano debe cambiar sus actitudes ante el trabajo, la riqueza, la solidaridad, la fiesta; nuestros problemas no son solo culturales, sino que hay que luchar por acceder a la riqueza, insertándose en la economía mundial y salir de la marginación actual». Esto sí que contribuye a generar el desarrollo, crear economía sostenible y ampliar la base distributiva de la riqueza nacional. Porque es fruto de una economía productiva, de la implicación de la población en la generación de dichos valores añadidos productivos y, en consecuencia, de mayor dispersión de la renta hacia la población. Es a lo que antes me he referido como *producción nacional*. El proceso se inicia desde una estructura de libertades económicas, porque es la manera más adecuada por la que se favorece el progreso de una sociedad. La libertad económica no solo permite diversificar la actividad económica, sino que también favorece la circulación de la renta nacional. Ya se sabe, desde tiempos de Adam Smith, que la riqueza de una nación no debe medirse por su oro (riquezas naturales, para ser más extensivo) sino por los bienes y servicios reales que están en disposición de su pueblo. Esto quiere decir que el desarrollo de un país queda medido por el empoderamiento de su población. O, si se prefiere, por la amplitud de la base distributiva de dicha riqueza al servicio de la población. Mayores índices de desarrollo implican además mejoras en las infraestructuras sociales y jurídicas: sanidad, educación, justicia social, entre otras. Cuestiones que se tratarán más adelante.

Mientras tanto, sigamos con nuestro análisis de algunos de los futuros «países emergentes», basados en las proclamas políticas, sus programas y el grado de desarrollo de estos.

En el ecuador occidental tenemos la República de Guinea Ecuatorial. Su plan hacia la emergencia, denominado como «Horizonte 2020», se puso marcha desde 2008. Estaba diseñado para ser ejecutado en dos fases. La primera, hasta el 2012, debería permitir construir las principales infraestructuras de base. El objetivo que, según la Secretaría de Estado encargada de su monitoreo, puede darse por conseguido toda vez que ya en 2016, según la evaluación de dicha secretaría, el país cuenta con una red de carreteras al más del 85 % de realización; aeropuertos y puertos totalmente equipados; culminado el tendido de luz y agua potable en casi toda la geografía nacional; viviendas sociales dignas en todas las ciudades del país; informatizada la administración, etc. Siendo así, quedaría por materializar la segunda fase, también en marcha, la de la diversificación económica, que debería llevar al país a la culminación del programa para alcanzar la ansiada y prometida emergencia. Sin embargo, las turbulencias que azotarían el mercado del crudo a partir de mediados del segundo decenio del siglo actual golpearon las finanzas del país y con ello se produjo el freno en seco de la evolución tranquila del plan. El país necesitaba de la buena salud del precio del crudo para desarrollar e impulsar la fase de la economía productiva que dé sostenibilidad a las infraestructuras construidas, que genere empleo sostenible, que atraiga capital privado extranjero y, sobre todo, que los capitales privados nacionales y extranjeros circulen con garantías jurídicas para impulsar las industrias locales transformadoras. La futura ciudad industrial de Mbini, de la que se espera que sea el pulmón de la economía productiva del país, debe recular su programación e implementación. La caída drástica del precio del petróleo, su principal fuente de ingresos, es un contratiempo al vasto programa de industrialización del país. A pesar de todo, las previsiones del Gobierno siguen siendo las mismas. Es cuestión de reprogramar el plan y el horizonte, esta vez hacia 2035.

La vecina República de Gabón (al sur) fija su emergencia cinco años más tarde (2025), tal vez dándose un margen de corrección. Siempre es bueno aprender de los posibles errores que cometan los pioneros, se supone. Su programa de emergencia llamado *pantera emergente* de África, diseñado en 2009, recoge ambiciosas reformas económicas, poniendo énfasis especial en la diversificación y la industrialización. Aun cuando el sector de los hidrocarburos (concretamente el petróleo) sigue siendo clave en sus ingresos presupuestarios (con más de 45 % del PIB) y consciente de que para 2025 su contribución será residual, la apuesta de Gabón se apoya en el gran activo de sus bosques tropicales, con más de 22 millones de hectáreas. Desde aquí está desarrollando una potente industria transformadora de maderera con el sello «Madi in Gabón». Para ello, la construcción de un polígono industrial de más de 1 125 hectáreas, financiado por el Gobierno gabonés y la empresa Olam de Singapur, ya está en marcha y se espera que emplee a más de 30 000 personas.

La República de Camerún, otra vecina de Guinea Ecuatorial, en el norte, fija su mirada hacia el 2035 como plazo para su emergencia económica. Se apoya en su agricultura bastante desarrollada, en su incipiente industria textil y en su subsuelo. Cuenta con importantes reservas de bauxita, hierro, petróleo, madera. Para que haga realidad su objetivo de convertirse en país emergente el año 2035, tendrá que hacer valer su ventaja competitiva en la subregión en la agricultura, explotar más y mejor sus recursos mineros y, sobre todo, invertir más en infraestructuras terrestres y en la economía productiva. Igualmente tendrá que afrontar con entereza el problema de la distribución de la renta, que en la actualidad es relativamente mala, así como mejorar el clima de negocios, actualmente poco favorable. Sin lugar a dudas, Camerún está llamado a arañar una cuota importante del mercado en la subregión, cuando se despierte. Está invirtiendo mucho en la economía del conocimiento y tejiendo varios acuerdos comerciales importantes. Digamos que se está armando suficientemente y con cierto sigilo, típico de un felino, para dar el gran salto. Esperemos.

3.2. Factores que invitan al optimismo

Independientemente del discurso político, no caben dudas de que África necesita pasar de las palabras a los hechos. Del discurso pretencioso en lo político a la practicidad económica. Su considerable potencial debe empezar a traducirse en realizaciones perceptibles, especialmente en el ámbito de la economía productiva. Hasta ahora siguen siendo estudios, previsiones y soflamas políticas y de organizaciones y organismos internacionales y subregionales. Por ejemplo, durante la conferencia para el desarrollo y la emergencia económica de los países africanos mantenida en Abiyán (Costa de Marfil) el 18 de marzo del año 2015, la administradora del Programa de las Naciones Unidas para el Desarrollo, Dña. Helen Clark, afirmó que «la capacidad de África para seguir avanzando y abordar los nuevos desafíos que se le vayan presentando se fortalecerá mediante la inversión en salud, educación y participación en la sociedad de sus ciudadanos». O sea que, si bien es cierto que África ha registrado un impresionante crecimiento económico en la última década y sus dirigentes tienen el liderazgo y la visión necesaria para seguir avanzando cara a la emergencia, hará falta un compromiso y determinación hacia un crecimiento y una gobernanza incluyentes y sostenibles, con tendencia hacia una mayor igualdad y un aprovechamiento total del potencial de las mujeres, de jóvenes y, efectivamente, de todos los africanos. Concluye: «si eso fuera así, el desarrollo humano y sostenible podrá triunfar y la emergencia va a producirse». Por su parte, según el informe de la OCDE *Perspectivas Económicas en África* (2014), el continente africano tiene buenas expectativas para transformar su economía y presenciar un gran crecimiento en materia de desarrollo mejorando su integración en la producción global de bienes y de servicios. El informe empieza alabando el crecimiento económico más diversificado de África, impulsado por la demanda interior, las infraestructuras y los cada vez más consolidados intercambios de productos manufacturados a través del continente. El mismo documento señala que, «para que África pueda mantener el crecimiento económico de los últimos años (en torno al 6 % anual) a lo largo del tiempo y asegurarse de que se beneficia de él la mayor parte de la población, debe continuar sus esfuerzos por restaurar las válvulas del motor económico y continuar gestionando los factores macroeconómicos con precaución».

Con estas argumentaciones, es de esperar que África vaya a jugar un partido menos residual que hasta ahora en el contexto de la economía mundial a partir de mediados de este siglo. Por lo pronto ahí van sus cartas credenciales asentadas en cinco pilares.

1.º La población vista como variable de crecimiento y desarrollo. Contra las afirmaciones fatalistas maltusianas y sus coetáneos que consideran al crecimiento poblacional como una variable exógena perturbadora que incide negativamente en la economía y que los países subdesarrollados no podrían salir del subdesarrollo si no reducen sus altas tasas de crecimiento poblacional; África, sin embargo, debe sustentar su crecimiento en uno de estos pilares: su estructura poblacional, porque es el único activo seguro que hoy por hoy tiene. Lo dije en mi libro *África subsahariana y Occidente: historia de una dependencia* (pág. 96). Bueno sería reafirmarlo otra vez en este caso.

Desde el año 2000, la población del continente africano viene aumentando a un ritmo del 2,2 % anual (mientras Asia lo hace al 0,9 %), lo que lo convierte en una de las regiones más pobladas y con más jóvenes del planeta. Con esto, los estudios demográficos sobre África revelan una población de poco más de 1000 millones, de los cuales casi la mitad tiene menos de 20 años. Con unas proyecciones que prevén un aumento hasta 2000 millones para el año 2050, por encima de la India (1600 millones) y China con 1400 millones según la ONU. De manera que, si se cumplen estas previsiones, para mediados de este siglo, una de cada cinco personas en el mundo será africana. Sin duda, esta creciente demografía hará de África un mercado gigantesco. La quinta parte de los consumidores mundiales será africana. Comparativamente con Europa y Asia, África tiene la media de edad laboral más baja del mundo (19,7 años), frente a la europea (40,1 años), la estadounidense (36,8 años) y la asiática (29,2 años). Esto quiere decir que para el año 2050, siempre según estas previsiones, uno de cada cuatro habitantes del mundo en edad para trabajar será natural de África. La cuestión ahora es que buena parte de esa futura población trabajadora esté capacitada y empleada. La formación, esa ventaja competitiva basada en conocimientos e información a la que se aludió arriba, será la clave de ese despegue definitivo que se espera de África.

2.º **El incremento de la clase media y la rápida urbanización de las ciudades.** Esta combinación es otro de los factores que invita a la esperanza del resurgir de África. Por una parte, está el aumento de su clase media, actualmente próximo al 34 % de la población según el Banco Africano de Desarrollo. Es decir, más de 300 millones de habitantes africanos tienen saneadas sus necesidades vitales básicas y poseen un excedente de capital para acometer actividades productivas. Se prevé así mismo que para 2050 la clase media en África sea del 50 %. Todo esto mientras que los mismos indicadores se van disminuyendo en el viejo mundo. El incremento de este segmento social también se traduce en mayor consumo de servicios y de productos con valor añadido. Ciertamente el consumo interno sigue siendo reducido, pero el aumento paulatino de esta clase media también irá incrementando dicho consumo y especialmente el de los productos tecnológicos como los móviles, el internet, los servicios turísticos y bancarios, etc. Precisamente este último subsector será un gran factor de desarrollo en el horizonte próximo. Actualmente se estima que 8 de cada 10 africanos no tienen acceso a los servicios bancarios, cuya incidencia positiva en los próximos años va siendo un reclamo cada vez mayor de diversas entidades financieras.

Por otra parte, está la rápida urbanización que se está produciendo en el continente. Se estima que cerca del 40 % de los africanos viven en las ciudades, un porcentaje que se prevé aumentar hasta el 50 % dentro de 15 años y hasta un 60 % a mediados de este siglo. Esta aglomeración urbana traerá consigo un relanzamiento de economías a escala y se producirá una retroalimentación entre crecimiento económico y urbanización. A más urbanización, más actividad empresarial productiva que, a su vez, contribuirá en robustecer el PIB. Con una redistribución más o menos equitativa, los consumidores poseerán más rentas personales y con buena parte de ellas irán adquiriendo productos con valores añadidos. Pero estas movilizaciones hacia las ciudades no solamente contribuirán a engrandecerlas sin más. También demandarán nuevos y mejores servicios: escuelas, hospitales, asfaltos, luz, agua, etc. Toda esta demanda acabará favoreciendo cambios sociales y políticos. Y, para todo esto, no basta con un crecimiento poblacional absoluto. Será necesario, una vez más, que la población se vaya formando porque cuanto más preparada esté, mayores serán los efectos positivos arriba aludidos. De ahí la necesidad de establecer planes y programas de estudios en consonancia con los objetivos marcados de desarrollo en cada país.

3.º El potencial de los recursos naturales que el continente atesora. Es el tercer pilar de este optimismo. Por supuesto que los recursos naturales de África son una palanca fundamental para su desarrollo económico. De hecho, el impulso que varios países africanos están tomando se debe a la potente demanda de sus recursos primarios que están recibiendo del mercado emergente exterior, especialmente de China y la India. A diferencia de otras regiones, por ejemplo Asia, África en su conjunto es rica en recursos naturales. Su subsuelo posee el 97 % de las reservas mundiales de cobre; el 87 % de coltán; el 75 % de cobalto; el 60 % de diamantes; el 57 % de oro; el 50 % de cobalto; el 49 % de platino; el 46 % de diamantes; el 44 % de cromo; el 41 % de vanadio; el 40 % de reservas hidroeléctricas; el 32 % del oro y manganeso; el 30 % de la reserva forestal del mundo; el 23 % de fosfato y uranio; el 20 % de cobre y hierro; el 14,5 % de gas y petróleo. Así mismo produce el 55 % del cacao mundial, el 19 % del café y cacahuete y el 7,5 % del petróleo. Sin contar con otros subsuelos y producciones de menor peso cuantitativo en el mundo, pero igualmente importantes.

El subsuelo africano o, al menos, algunas de sus reservas no tardarán en convertirse en valor de refugio para los inversores y las economías modernas. Es de esperar, más temprano que tarde, que a causa de los continuos cambios cíclicos que dan lugar a frecuentes crisis financieras conlleven a la utilización de algunos de estos recursos como unidad de referencia para las divisas de países; tal y como sucediera con el oro a finales del siglo XVIII cuando la relación de intercambios entre países y la capacidad de acuñar sus monedas quedaban determinadas por la cantidad de ese metal. Entonces la ortodoxia clásica recomendaba la libre circulación de las reservas del oro para garantizar los desequilibrios en las balanzas de pagos entre países, al tiempo que permitían reajustarlos automáticamente ante variaciones de precios imprevistas. Si por aquellos entonces la fiebre en busca del oro no tardó en extenderse por todos países occidentales, no parece descabellado suponer que en una hipotética situación por resurgir la idea de valor refugio en alguno(s) de los metales africanos, África podría ser pillada a contrapié.

Con todo esto, por supuesto que no basta con tener un potencial económico en recursos naturales. Hay que saber gestionarlo. Hay que acertar en la elección cuidadosa de su explotación y en la correcta canalización de sus ingresos. Pero sobre todo hace falta contar con un clima sociopolítico favorable y cierta estabilidad en las grandes variables macroeconómicas, para que el clima de negocios sea favorable también para atraer capitales extranjeros que no sean especulativos.

4.º El aumento y la mejora de las infraestructuras y las tecnologías. Para un continente con grandes deficiencias infraestructurales, la mejora de las infraestructuras está siendo fundamental para el desarrollo económico. África las necesita para asentar en ellas su despegue económico. De hecho, el crecimiento que se está registrando en los países africanos se debe fundamentalmente a las cuantiosas inversiones que los países asiáticos están llevando a cabo, especialmente China, que se ha convertido en el mayor inversor extranjero en África en la materia. Pero también por los países europeos, en constante desaceleración económica, que están encontrando en África grandes posibilidades de inversión. Y, paralelamente, la irrupción de las tecnologías que se están dejando sentir en África desde el año 2000 es un claro indicativo de que el desarrollo económico de África sí que se puede relanzar desde la industrialización y la tecnología. Esta afirmación la vengo sosteniendo desde mi libro *Pobreza, desarrollo y globalización en el sur del Sur* (véase págs. 66-67). Contrariamente a aquellos teóricos economistas clásicos para los que el camino a seguir por los países subdesarrollados, y concretamente por África, era la producción de sus materias primas y la agricultura de exportación sin transformar. Una teoría también defendida por Elliot Berg y sus coetáneos que no dudaron en recetar estas medidas para África. Especialmente para defender la producción de materias primas de exportación que garantice el retorno de la deuda externa, como ya se explicó arriba. Desde entonces vengo rechazando la idea de asentar el futuro desarrollo económico de África solo a partir de esta agricultura, pero sí sostengo que el continente estaba ya en condiciones de arrancar su despegue a partir de la industria y con la tecnología, aunque sea de segunda velocidad. Porque la desigualdad comercial y la brecha cada vez mayor de la relación real de intercambio con Occidente solo puede mitigarse en la medida que África sea capaz de asomarse al gran mercado. Para ello los productos primarios, cuyos precios no se fijan por la ley de la oferta y demanda sino por los imperativos de los compradores y teniendo además en cuenta la proliferación de productos sintéticos, de ninguna de las maneras permitirán a los países productores de estas materias primas sortear las difíciles barreras del mercado global.

5.º **El impulso de los servicios financieros y las federaciones empresariales.** El subsector de los servicios financieros en África ha crecido rápidamente durante la última década en respuesta al cambio del contexto económico. Los avances tecnológicos de los últimos años también han propiciado el aumento de los ingresos de este subsector y con ellos mucha más gente, hasta ahora excluida del sistema financiero, está más en contacto con bancos e instituciones similares. La expansión del sector financiero no solo crea nuevos trabajos y otras oportunidades económicas, sino que ayuda a establecer identidades formales para millones de participantes en los mercados y proporciona una seguridad mayor que la actual basada en transacciones de efectivo. Se espera que su incidencia positiva vaya en aumento durante los próximos años, por las razones ya aludidas antes.

Por su parte, la emergencia del empresariado local. Sin duda alguna, la relajación de las tensiones políticas ha traído consigo mayores espacios de concordia y libertades personales y económicas. Ha propiciado la aparición de iniciativas empresariales y de negocios locales. El continente en su conjunto se está beneficiando de toda esta efervescencia y de la rápida creación de núcleos empresariales. El capital local se está invirtiendo en pequeñas estructuras comerciales, empresariales e industriales. En algunos países, estamos hablando de grandes fortunas privadas de contenidos nacionales, cuyos resultados productivos trascienden mercados nacionales. Están presentes en varios sectores claves: banca y seguros, telecomunicaciones, distribución, agroindustria o productos de consumo, industria manufacturera y de cemento, en la siderurgia, servicios turísticos, etc. Si bien es cierto que este joven empresariado ha hecho su fortuna comerciando con los recursos mineros y el crudo, otros lo han hecho a partir de los servicios y otros con la manufactura. La lista, por supuesto, la encabeza Sudáfrica, que cuenta ya con multinacionales de primer nivel, cuyas actividades se expanden incluso fuera del continente. Seguido muy de cerca por Nigeria, con su máximo exponente focalizado en el multimillonario Aliko Dangote, el magnate del cemento en África y en agroindustria. Obviamente habrá que tener en cuenta también a sus compatriotas Abdulsamad Rabiu, el multimillonario en la industria manufacturera y la siderurgia, las infraestructuras, y Mike Adenuga, en las telecomunicaciones y móviles. En la lista de estos multimillonarios empresarios habrá que incluir también, según una revista económica africana, al ugandés Sudhir Ruparelia que ha forjado su fortuna en el sector de la banca y seguros y hoteles.

En todos ellos, hay fundamentalmente dos elementos comunes: *a)* la convicción de la élite política de una transición de las economías extractivas a las industriales y de innovación; *b)* la voluntad y determinación de los propios empresarios por integrarse en las cadenas de producción internacionales.

3.3. Deberes pendientes

Sin embargo, todavía hay mucho por hacer (quizás demasiado) para que las expectativas del arranque definitivo del crecimiento económico africano hacia la emergencia económica del continente se consoliden y redunden en el desarrollo integral de África. Ciertamente hay verdades incuestionables en el contexto africano actual y, para los optimistas, nos permiten afirmar que, cinco décadas después de la independencia política de África y a pesar de tantos avatares, por fin buena parte de los países africanos se encuentran hoy en la etapa de despegue. Otros están camino de ella. En esta etapa, según Walt Whitman Rostow, se establece una clara separación entre las sociedades tradicionales y las modernas y, desde allí, se inicia el arranque hacia el desarrollo. Ese comienzo es el que permitirá a los países africanos proyectarse hacia el gran mercado. También es verdad que, para ello, hay varias máximas que hay que tener en cuenta, para cuando un país atrasado decide abrirse con sus productos hacia el mercado exterior. Entre ellas la lógica de que todo país subdesarrollado que vaya a tomar la decisión de exportar parte de la riqueza nacional, que deberá intercambiar con productos de fuera para cubrir las carencias interiores, tendrá que hacerlo una vez aseguradas unas condiciones mínimas internas. El comercio exterior no es una aventura, sino una confirmación de haber hecho previamente bien los deberes en casa. Porque en un principio este comercio exterior será más pasivo que activo. Es decir, se importará más de lo que se exporte y, si se produce una acomodación a esta circunstancia, el saldo del comercio exterior siempre será desfavorable. Igualmente es verdad que para entrar en el gran mercado el país deberá ganar primero en tecnología e incorporar un valor añadido a sus productos. Es entonces cuando el comercio exterior empezará a tener la valoración de recompensa de lo que se está haciendo bien en casa y a partir de allí, poco a poco, el comercio pasivo irá siendo activo. Esta reflexión trasladada a África, podríamos decir que solo a partir de entonces la presencia africana en ese mercado mundial irá tomando vigor y se desatascarán varios tubos tupidos. Por ejemplo, se incrementará la productividad nacional con la especialización y se entrará en la dinámica de las ventajas competitivas, en los términos generales arriba descritos. De la misma manera se debe reconocer que no se debe dormir tranquilo en los laureles que insuflan las tasas de crecimiento económico actual que, aun siendo reales, no deben ser sin más los pilares sobre los que deban descansar la utopía de la emergencia económica. El crecimiento económico que está experimentando el continente africano desde los últimos años debe ir acompañado de otras medidas para vencer ciertas debilidades y amenazas.

3.3.1. Debilidades y amenazas

Parece ser que las espectaculares cifras del crecimiento económico de los últimos años están eclipsando el debate sobre ciertas verdades dolorosas que han sido, y siguen siendo, los grandes signos negativos de identidad de África. El repentino crecimiento económico es un bálsamo que ha permitido desviar por ahora el debate sobre las debilidades africanas. Entre ellas está la pobreza en sus diversas manifestaciones. Las proclamas políticas e institucionales están bien, pero la praxis nos demanda, previa a la aventura hacia la emergencia, mejorar las condiciones de vida y el empoderamiento de la población. No hay emergencia posible en una sociedad en la que el 90% de su población vive en condiciones de hambruna y casi el 50% de esta no tiene acceso a las fuentes de energía modernas de forma sostenible, agua potable, sanidad, escolarización, vivienda, etc. El crecimiento económico por sí solo no basta para hacer frente a los nuevos desafíos de África. Un África que hoy en día registra unas tasas de desempleo astronómicas, sobre todo de la población juvenil, situada en 39,3 puntos porcentuales del conjunto mundial 2017, según la OIT; por detrás de América Latina, es la región más desigual del planeta. Es cierto que la educación y la sanidad van mejorando, como también los ingresos fiscales o los niveles de seguridad jurídica para los negocios. Pero también es verdad que los avances en igualdad de género o en el control de los flujos financieros ilícitos siguen siendo muy escasos.

Únase a todo lo anterior el hecho cierto de que África aún deberá afrontar con entereza ciertas amenazas que podrían truncar esta aparente marcha tranquila social y económica. Me refiero a las todavía débiles democracias en algunos países, abundantemente reclamadas arriba. Al tiempo que, por una parte, aun cuando he afirmado que las democracias plurales en África se están consolidando, no es menos verdad que sigue habiendo países cuyo proceso es más lento de lo esperado, en los que también sigue habiendo turbias maniobras por la perpetuidad en el poder. Son países en los que el siempre latente e inseguro escenario político contraviene el dinamismo económico que se registra en otros países. Sin necesidad de citar países, basta recrearse para encontrar una decena de ellos cuyos mandatarios no paran de imponer reformas constitucionales, para prolongar su mandato, hasta que Dios los llame. Supongo. En los que la población civil se levanta para frenar las ansias mesiánicas de sus dirigentes, al tanto que en otras se impone la ley del silencio y a esperar. Cuando se quieran dar cuenta, para cuando se despierten, los demás países estarán en la tercera velocidad. Mención especial merece la cuestión de la inseguridad en todas sus cinco manifestaciones: corrupción, delincuencia, terrorismo, criminalidad y violencia. Un quinteto que va cogido de la mano y que se ha convertido en una de las amenazas claves con las que se enfrentan varios países africanos. Socavan la democracia, violan los derechos humanos, quebrantan la calidad de vida de la población, saquean las arcas públicas y así un rosario de efectos nocivos. Si bien es cierto que son fenómenos que se dan en todos los países del mundo, no es menos verdad que sus efectos en países subdesarrollados son aún mayores. En algunos países de África, paralelamente al aumento de su actividad productiva, la corrupción se va intensificando. Con respecto a la corrupción, grandes desvíos de fondos públicos hacia cuentas en paraísos fiscales y en Occidente son una constante, favorecidos también por la impunidad internacional. Recursos que teóricamente deberían ser destinados al desarrollo de los servicios básicos sociales. Escasos países tienen adoptados e implementados rigurosas medidas contra este obstáculo para el alivio de la pobreza. Pero también a escala nacional está el pillaje. Prácticamente se está generalizando en todos los estamentos, desde la alta política hasta los administrativos, aduaneros, policías, dependientes, etc. Los sobornos por cualquier gestión o trámite administrativo están a luz del día. Todos deben asegurarse a diario una suculenta extra salarial. Así quedan justificadas la opulencia, pomposas mansiones y abultadas cuentas bancarias, que contrastan con las bajas escalas salariales de la Administración pública y de las empresas. Este entramado podría estar «justificado» por el excesivo peso de la administración gubernamental. En eso acierta el escritor maliense Tidiane Diakité en afirmar que «el marasmo económico y el retraso en la evolución del África negra depende en una cuarta parte de factores naturales externos y en tres cuartas partes de factores humanos propios de los africanos». Señala concretamente a «la inmensa mayoría de los burócratas y funcionarios africanos que son más aptos para degradar la evolución de la sociedad africana que para ayudar al continente a responder a los retos históricos a los que se enfrenta. La administración —continúa Diakité— no es una pieza para el desarrollo del continente, sino un inmenso agujero que traga diariamente enormes cantidades de dinero sin aportar nada». Por supuesto ahí donde Diakité habla del continente, sustitúyase por nombres de países concretos. En algunos casos, la administración se ha convertido en una empresa estatal al más puro estilo comunista (véase *África en la encrucijada*, pág. 24). Una caja común que absorbe toda la mano de obra «excedentaria» del sector privado. En otros casos simplemente es la finca donde se reparten las prebendas. Y en cualquiera de los dos escenarios, las palabras *gestión* y *eficiencia* se sustituyen con la corrupción institucionalizada.

La delincuencia, asociada con la criminalidad y la violencia, es la otra media naranja de la corrupción y que en su conjunto generan inseguridad. Está claro que las altas tasas de inseguridad en África socavan su programa de desarrollo y la proliferación de estas bandas en sus diferentes manifestaciones es un hándicap para la marcha tranquila del continente. Obstaculiza el movimiento de las personas, debilita las funciones sociales básicas y carcome la capacidad de los Estados africanos de promover el desarrollo. En algunos países, las bandas juveniles campan a sus anchas y cometen fechorías por doquier. Por lo que, en la medida que se vayan asentando en la población, esta puede ir perdiendo confianza en la consolidación de las democracias y en las propias instituciones del Estado. Preocupa aún más el elemento añadido a los cinco anteriores, cual es la delincuencia organizada transnacional (drogas, narcotráfico internacional y el contrabando de recursos naturales) que están empezando a encontrar en África su autopista de tránsito. En algunas regiones africanas, ciertas organizaciones de esta naturaleza maligna están operando con estructuras interregionales e internacionales, lo cual genera una preocupación aún mayor, porque van relacionadas con el terrorismo. Es un escenario pernicioso porque destruye su capital humano y social. Echa por tierra o debilita la calidad de vida de la población y marchita o aleja la mano de obra cualificada, imprescindible para el África que viene. Es negativa porque ahuyenta a las empresas extranjeras (capital privado exterior) de África. Estas necesitan un clima de certidumbre para arriesgar sus inversiones. Y también lo es porque destruyen la capacidad del Estado de garantizar el orden y de prestar servicios a los ciudadanos. Preocupa porque la inseguridad va en aumento y los gobiernos se ven insolventes para atajarlos.

Hay que traer a colación las recientes inquietudes de las Naciones Unidas al respecto. Cuando en sus recomendaciones para el desarrollo sostenible cara al año 2030 advierte sobre los riesgos de este tipo de inseguridad, como posibles frenos. De ahí que la lucha contra la inseguridad debe ser clave para la construcción de sociedades cívicas, libres y tolerantes en general y particularmente en África que está empezando a caminar. También para ordenar el buen funcionamiento de la economía y garantizar la estabilidad de los negocios, esencial para atraer tecnología. Es por todo ello por lo que no se debe mirar de reojo el problema de la inseguridad en sus diferentes manifestaciones.

En otro estadio diferente, pero igualmente de preocupante, está la vulnerabilidad africana ante las epidemias más mortíferas, como son la malaria, enfermedades relacionadas con la diarrea, el sida y la enfermedad del Ébola. Cifras al margen, los orígenes de estas epidemias son varios, pero fundamentalmente la pobreza extrema y la gestión política tienen mucho que decir a todo esto. No es ninguna afirmación temeraria reconocer que la población africana mayoritariamente sigue viviendo en extrema precariedad, especialmente la población campesina. Es en este segmento de la población donde estas pandemias son más virulentas a causa de insuficiencias de las infraestructuras de los servicios sanitarios y de agua potable y, en determinadas ciudades, la excesiva suciedad en las calles. La insuficiente dotación de recursos al sector sanitario unido a la escasez de limpieza de ciertas grandes ciudades, así como las pocas posibilidades económicas en la población menos favorecida no posibilita a este segmento marginal de la población gozar de una sanidad en garantías. Los de la clase media no tendrán demasiados problemas porque, en cualquier caso, tienen el avión para irse a los mejores hospitales extranjeros.

3.3.2. La economía informal

Otras de las grandes amenazas, desde el punto de vista de la ordenación económica, es la propagación de la economía informal. Sobre todo porque desde el desorden difícilmente se puede estructurar y controlar nada, a menos que seamos anarquistas. La economía informal no debe ser vista como un esfuerzo genuino, como defienden varios analistas africanos, sino como una dejación de sus funciones por parte del Estado. La mala gestión de la «cosa común», generando tremendas desigualdades y dejando a cada cual sobrevivir como pueda y a su suerte, es una de las razones de la floración y del crecimiento de estas actividades. En esas circunstancias la lucha por la supervivencia conduce a las personas a «buscarse la vida». Es así como se han ido proliferando las tontinas y la economía informal y la delincuencia, cuyo origen es múltiple, pero sobre todo el desempleo es su caldo de cultivo más preferente.

Esta economía tiene como precursora las *tontinas*, una especie de ayuda mutua mediante la cual un grupo de personas deposita cierta cantidad de dinero (semanal o mensual) en beneficio rotativo de cada miembro del grupo. No genera beneficios, puesto que se concibe como una hucha que se rompe al cabo de «X» tiempo. Es decir, cuando le toca a cada uno. Una práctica generalizada en casi toda África negra. Permite a las economías familiares disponer de una cierta liquidez (que los sistemas financieros regulados no les proporcionan) con la que pueden financiar pequeñas actividades productivas y, sobre todo, infraestructuras familiares: construcción o rehabilitación de viviendas, equipamiento de estas, pago de estudios a sus hijos, etc. De ahí que sus defensores la apoden como la «*economía del pueblo*», incluso algunos de ellos llegan a considerarla como la alternativa la más segura para sacar a África del subdesarrollo con medios propios. Me parece una exageración. Aun admitiendo que gracias a ella se están creando pequeñas bolsas de autoempleo y actividades empresariales; no puedo ocultar mi escepticismo de que sea a partir de ella donde las carencias del papel del Estado deban ser mitigadas. Fundamentalmente el papel redistribuidor de la renta nacional, de ninguna de las maneras podrá ser sustituido eficientemente por esta economía. No es una economía preparada para proporcionar infraestructuras públicas ni permitirá reordenar las prioridades del Estado. Entre otras razones porque se trata de una economía que funciona al margen de los mecanismos reguladores de la renta nacional. Por su antipatía hacia las reglas del mercado ordenado no permitirá regular las prioridades de la población desde las iniciativas del Estado. Es más, la existencia de un gran sector no regulado de la economía informal en África subsahariana (próximo al 39 %) es el fiel reflejo de la incapacidad de los Estados por controlar más de una tercera parte de la actividad económica de sus países. Dicho de otra manera, un segmento importante de la actividad productiva no está regulado por los Estados, porque no lo controla. Este alto porcentaje de la economía informal en África es el reflejo de su dualidad social en la que cohabitan lo legal con lo sumergido. Una sociedad que mientras en frente de una acera la farmacia JR expide medicamentos reglamentarios, en la otra acera un paisano vende sus «sintéticos» a granel de dudosos orígenes, utilidad y caducidad. Si en un cruce unos controladores del tráfico reclaman documentación a un conductor, metros arriba otros le esperan para exigirle una propina tenga o no documentación en regla. En un banco comercial se compran y venden divisas, mientras en un arbusto de enfrente, tiendecita o en plena calle se intercambian las mismas divisas a un tipo de cambio ligeramente inferior. Y así una cadena de contradicciones. En estas circunstancias, en las que los Estados no pueden ejercer su función recaudadora y distributiva de la renta nacional de un sector importante de la economía, habría que asegurar que esta economía informal es un lastre. Basta con observar el grado de ebullición económica y caos en las grandes ciudades africanas para preguntarse: ¿quién controla esto? Algunos responderían: «Esto es África». Pero no. África no debe ser sinónimo del desorden, asumirlo así es contradictorio con las aspiraciones de ser emergente en apenas 20 años. Esta no debe ser la señal de identidad de un África que aspira a integrarse en el gran mercado global donde las reglas de funcionamiento son claras.

En los países desarrollados este tipo de economía se asocia a aquellas actividades económicas ilegales, que no delictivas, que se encuentran al margen de la contabilidad nacional: clínicas clandestinas no autorizadas, contrabando de mercancías, drogas y narcóticos, piraterías, etc., y cuyos patrocinadores suelen ser gente acomodada o de clase media. De ahí que también se denomine como «economía sumergida» o economía escondida. Su cuantificación no se realiza a partir de los parámetros macroeconómicos, sino a partir de métodos indirectos, como puede ser el método del insumo físico. En los países atrasados, sin embargo, la noción de economía informal se relaciona con la pobreza. La necesidad por la subsistencia en las ciudades y la falta de oportunidades en la economía formal, empuja a la clase marginal de la población a desarrollar este tipo de economía. Muchos de ellos son migración campesina hacia las ciudades, otros son aquella mano de obra sin la capacitación profesional adecuada para la oferta laboral del mercado regulado y otro grupo lo conforman aquellos parados de larga duración y aquellos otros que buscan su primer empleo en un mercado sin la oferta suficiente. Únase también a las personas inmigrantes con sus actividades comerciales sin regularizar. Como quiera que son actividades cuyos ingresos no están plenamente codificados por el Estado, no puede sino determinarlos solo a partir de métodos directos.

Finalmente, si colocamos en un tablero las desventajas y ventajas de esta economía, veremos que por una parte de las características negativas de la economía informal son los siguientes: *a)* se trata de un colectivo que está expuesto a elevados riesgos de pobreza, toda clase de explotación y abusos; *b)* dicho colectivo no se beneficia de las ayudas estatales en cuestiones formativas y sus empleados lo hacen en condiciones precarias, sus salarios son inferiores a los del empleo regulado y generalmente trabajan más horas que en una economía legal; *c)* no cuentan con la protección de las respectivas Instituciones de protección social, porque están excluidos de la legislación en materia de protección social; al no estar reconocidos ni registrados legalmente de acuerdo a la legislación laboral; *d*) no disfrutan de sus derechos fundamentales: vacaciones y permisos remunerados, asistencia sanitaria, jubilación, etc. Decir que en África subsahariana tres de cada cuatro personas empleadas lo son en la economía sumergida es tanto como afirmar que las tres cuartas partes de la población ocupada africana están en esas condiciones negativas. Cuyas consecuencias desfavorables para el conjunto de las economías son: la escasa productividad que generan, debido a su vez a la poca cualificación que tienen; su actividad no contribuye en su debida proporción al sistema tributario, ya que el fisco se ve insolvente para conocer el alcance de sus operaciones; generan un clima de desconfianza para los inversores extranjeros y nativos; reducen la capacidad operativa de los bancos, porque sus efectivos difícilmente pasarán por los bancos.

Al contrario, la lucha a favor de la economía legal y en contra de la sumergida presenta más ventajas económicas y sociales. Con una economía aflorada la recaudación tributaria es mayor, porque se amplía la base tributaria sin que necesariamente se eleve la presión fiscal, con la que el Estado puede acometer mejor y mayores obras de infraestructuras y sociales; se mejora el clima de negocios y aumentan las inversiones productivas, porque genera mayor confianza a los inversores y, consecuentemente, aumente el capital productivo; favorece el desarrollo del sistema bancario, eso que los banqueros llaman bancarización, y con ello se producen un mayor número de movimientos monetarios controlados por los bancos y da mayor solvencia al sistema financiero de los países.

CUARTA PARTE
REFLEXIONES FINALES

El dueño de la casa sabe donde gotea su tejado.

PROVERBIO AFRICANO

4.1. La globalización y el escenario próximo

Mucho se ha escrito sobre la globalización. Sus efectos favorables, para algunos, y negativos para otros. En cualquiera de los casos, sabemos que estamos ante un fenómeno tan universal como cotidiano, consecuencia del triunfo definitivo del capitalismo frente al socialismo o la economía centralizada. Con la conquista del liberalismo económico a los últimos escollos de la economía centralizada (China y Rusia), la libre movilidad del capital financiero y especulativo es un hecho en todo el mundo. Por supuesto que para ello se han dado varias circunstancias confluentes: los mercados se han liberado; la economía se ha privatizado; la capacidad competitiva se ha apoyado en la innovación, desarrollo e investigación (I+D+I); y, con todo este basamento, el conocimiento y la especulación han venido a completar el cóctel. Todos ellos esenciales para poder empujar a ese gran mercado. En todo ese proceso, aunque los defensores de la globalización se afanen en asegurar que todos los países salen ganando, no es menos cierto que ni todos participan por igual en dicho proceso ni los beneficios se reparten por igual. Acepto que con la globalización se incrementan las capacidades de generar la producción mundial, pero la renta interior de cada país (lo que cada nación se lleva del reparto global) depende fundamentalmente de su empeño tecnológico, y no de su aporte primario, que solo genera regalías o especie de propinas. Pero también habrá que tener en cuenta el nuevo escenario que se vislumbra en el horizonte próximo. En ese nuevo dibujo, donde los grandes (EE. UU., Japón, Unión Europea, China) lucharán por repartirse el mercado mundial, los nuevos países emergentes (la India, Brasil, Rusia y Sudáfrica) tratarán de arañar su parte. Y es aquí donde África, a medida que vaya superando sus vicios, debe encontrar su acomodo sin vacilaciones. Potencial no le falta, siempre que sea capaz de emplearlo mejor y no como hasta ahora. Ya se ha comentado que necesita invertir en formación, especialmente en aquellas especialidades técnicas para asumir su industrialización con recursos humanos cualificados fundamentalmente locales. Debe apostar por la industrialización, contra aquellos que siguen sosteniendo que África debe seguir avanzando en su rol tradicional de proveedor de materias primas hasta tanto no tenga tecnología punta. Y sobre todo que debe ir superando etapas. El África de hoy está en condiciones y capacidades de iniciar su desarrollo ya no precisamente desde la economía rudimentaria, sino a partir de la fase industrial, aunque sea de segunda velocidad lo sigo sosteniendo. De hecho, la irrupción de las tecnologías y la incipiente industria están permitiendo que África esté saltando esa primera fase tradicional del desarrollo, ¿camino hacia la emergencia? Esa es otra cuestión.

4.2. ¿Qué puede aprender África de China?

Hay que hacer un paréntesis para recoger la pregunta que varios analistas se están haciendo sobre el papel que puede jugar China en la próxima África. Para ello habrá que atreverse presuntuosamente a entrar en las entrañas del gigante asiático, que hasta hace menos de medio siglo apenas contaba en el contexto económico mundial y ahora amenaza la supremacía de los mismísimos Estados Unidos de América. ¿A qué se debe tanto giro? Varias claves pueden explicarlo, pero solo los mismos chinos conocen la tecla exacta. Desde el análisis teórico, la República Popular China, de ideología comunista en lo político y capitalista en lo económico actualmente, tras varias décadas de retroceso económico; entendió que solo la economía capitalista era capaz de sacarlo de su atolladero. Pero no es hasta 1979, bajo la dirección de Deng Xiaoping, cuando abre sus puertas al empresariado extranjero. Bien es cierto que solo en aquellos sectores no considerados como estratégicos. Hasta entonces, el viraje del comunismo al capitalismo se fundamentó en tres líneas de actuaciones bien trenzadas.

a) Construyó un sistema de capitalismo colectivo, que combinaba un comunismo político y un capitalismo económico. De esta manera basó su desarrollo económico en las estructuras familiares comunitarias ajustadas a su organización social. Con esta simbiosis se pretendía evitar desajustes en la administración conjunta de los negocios y, sobre todo, la aparición de capas sociales adineradas y hacer prevalecer el bienestar de la comunidad frente al enriquecimiento individual.

b) El sistema se construyó sobre el papel preponderante del Estado, encargado de gestionar toda la administración y dirección del desarrollo económico: diseña las recomendaciones microeconómicas; determina las políticas macroeconómicas; establece las medidas necesarias para crear el clima de confianza para la inversión privada y la captación del capital extranjero; decide los sectores estratégicos y los restringe solo para el capital privado nacional; y así toda una batería de decisiones. Para fortalecer al sector privado nacional, impuso políticas proteccionistas hasta que el mismo estuviera consolidado y capacitado para competir con el capital extranjero.

c) Estableció un marco de cooperación entre universidades y empresas de manera tal que los proyectos de investigación y desarrollo de las universidades y centros de investigación fueran absorbidos por las empresas privadas y públicas. Fruto de esta cooperación, los sectores privados considerados como estratégicos se beneficiaron de los avances tecnológicos de los centros de investigación.

Por supuesto que China era consciente de que, si quería penetrar en el gran mercado y desarrollar su economía, solo había un camino. El capitalismo liberal y la tecnología industrial le permitirán poner en valor sus ventajas competitivas, entre ellas su abundante mano de obra barata y su gran mercado. Así, ese mismo año (1979) el Gobierno chino creó cuatro zonas económicas especiales en ciudades costeras: Shenzhen, Zhuhai, Xiamen y Shantou y permitió privilegios y facilidades a la inversión extranjera. Pero, además, cuatro años después (1983), abrió las pequeñas unidades familiares agrícolas a la economía del mercado, mediante acuerdos contractuales. Las pequeñas economías familiares y rurales deberían ofrecer cierta producción al Estado, mientras el sobrante de su producción lo podían vender libremente en el mercado. Los ingresos excedentarios de estas ventas sirvieron a algunos agricultores para financiar y expandir las industrias de consumo. Ese fue el origen de las pymes chinas que hoy en día representan más del 98 % del total de las empresas chinas; contribuyen en más del 60 % del PIB chino y generan más del 80 % del empleo urbano, según fuentes estadísticas de la Oficina Nacional de China. Con todos estos datos, no en vano que varios analistas no dudan en considerar a las pymes chinas como la base de su despegue económico.

Aun así, escaso en materias primas, buscó poco después la competitividad en el conocimiento. Dos décadas después de intenso trabajo, buena implementación de las medidas anteriores y creciendo a ritmo medio anual de 9 % le permitieron estar en condiciones de entrar en el gran mercado. Es entonces cuando decide suavizar su política proteccionista. Negoció entonces su adhesión en la Organización Mundial del Comercio. En poco tiempo el comercio chino ya estaba inundando el mercado mundial a precios excesivamente competitivos. China ofreció a los oferentes occidentales el pastel de su gran mercado de consumidores, más de 1 400 millones de habitantes, y se encontró con el pastel de los consumidores occidentales, primero y después de latinoamericanos y ahora de los africanos. No desaprovechó la situación e invadió dichos mercados con productos baratos. Sin duda, China es uno de esos alumnos aventajados del nuevo capitalismo que, sin abandonar su comunismo en lo político, le ha dado la vuelta al capitalismo liberal. Evidentemente «los chinos han entendido mejor el capitalismo que los propios fundadores del capitalismo»[7]. Primero se defendió de la globalización comercial cerrando sus puertas para acabar de consolidar sus industrias. Pactó con las universidades internas para producir toda la mano de obra especializada que necesitaban sus empresas e industrias estratégicamente creadas. Creó las infraestructuras internas de base para

---

7   Véase *Crisis y capitalismo en el tercer mundo*, pág. 55.

crecer en lo económico y con la maquinaria engrasada, abrió sus puertas para el inversor extranjero y suscribió acuerdos de comercio internacional. Necesitado de materias primas, buscó a África ofreciéndole créditos sin condicionantes del buen gobierno. El continente africano falto de capital, pero con mucha materia prima, se abrazó al capital chino. Digamos en este sentido que la presencia china en el continente africano es la conjunción de intereses mutuos. Pero China no se limita a eso. Va más allá. Ofrece ayudas, construye infraestructuras y, sobre todo, comercio. Vende casi de todo y barato, muy barato. Con una calidad de andar por casa. A diferencia de Occidente, quien se preocupa de la relación calidad-precio, China en África se ha centrado en la relación bonito-barato. Por supuesto que contrariamente a la relación calidad-precio que lleva intrínseca las garantías de durabilidad, lo bonito-barato solo luce a primera vista. Luego ya se verá. La satisfacción del mañana queda relegada por el deleite del hoy. Han sabido interpretar mejor la regla de la necesidad: las economías con escasos recursos difícilmente prestarán atención a la calidad del producto, sobre todo si está bien adornado, si está bonito. Primero será la necesidad de satisfacer la escasez del momento. Pongamos por caso el de una familia africana con escasos recursos que quiere lucir a su hija en su primera comunión. Irá a la tienda del «amigo chino» y la vestirá de oro. «Por lo menos también hoy hemos podido lucir a nuestra hija», dirán los padres, Llegará otra fiesta y ya nos apañaremos. Tras la fiesta, y del primer lavado, el oro del vestido se diluye, los zapatos se han convertido de uso único; todos con el destino al baúl de los trastos o al vertedero. Y así el producto chino está inundando el mercado africano.

En África, China concede créditos para las infraestructuras, pero el dinero no se mueve de China. Con ese dinero, y desde China, se compran los materiales, maquinarias chinos y víveres para los empleados chinos. Los chinos construyen y descuentan del fondo del crédito concedido. La rapidez en su construcción, la falta de control de calidad y la corrupción no garantizarán la durabilidad de las infraestructuras. Ya es célebre el dicho chino en Guinea Ecuatorial, a lo indio: «dinero poquito, cuando chinos marchar casa caer», en alusión a esa fragilidad en las construcciones de los edificios y viviendas. Y no es para menos: en algunos países, a los pocos años (poquísimos años), varias construcciones empiezan a manifestar signos de erosión y no precisamente por el mal uso o por el paso del tiempo. Es cuestión de calidad que África importa de China. O sea, es la calidad asociada al bonito y barato, muy diferente a la que exporta en Occidente. Las empresas chinas alegarán que por culpa de la corrupción interna las infraestructuras se construyen con la mitad del presupuesto inicial. La otra mitad va a parar en bolsillos particulares de los hogareños gestores de los contratos y supervisores de las obras.

La cooperación China en África no permite a esta crear economía productiva. Se limita a construir infraestructuras y comercio. Mucho comercio. Son mayoristas y minoristas a la vez. Venden de todo. No contratan mano de obra local y sus salarios se pagan en China. En el país local no compran nada, ni para su consumo menor. De China lo traen todo: maquinarias y materiales, mano de obra, víveres, etc. Y es que, para los chinos, nada se pierde. Y su vida cotidiana se desarrolla del hotel comunal o residencia al trabajo y viceversa. Nada de turismo ni ocio, para no generar economía comercial. *¡Chapeau!* con la visión económica-financiera de China en África. En África, China no genera economía flujo. Se limita a fomentar una economía *stock* en términos de infraestructuras de carreteras y edificios, que a los pocos años de la inauguración empiezan a demandar un costosísimo presupuesto de reparaciones. Y es de esperar que, en algunos países, en apenas unos años, habrá que demoler determinadas edificaciones y reconstruirlas, de nuevo, siempre financiándolas con créditos chinos, se supone. Con este rodillo China pretende perpetuar su particular visión de cooperación con África.

Por todo esto, varias voces críticas empiezan a preguntarse por el qué puede África aprender de China o qué aporte espera África de China. Muchos acusan a China de explotar los recursos africanos para su beneficio, que no se preocupan de la mejora del nivel de vida de la población africana en la que están presentes, que es una nueva potencia neocolonial en África. Otros incluso empiezan a temer por la invasión China. ¿Será África un segundo continente de China?, se preguntan. Bueno, tampoco exageremos. Pero vayamos a aterrizar. El desarrollo industrial chino se ha sustentado, además, sobre las licencias concertadas con otros países y no sobre sus propias patentes, que poseen bien pocas. Este hecho, por sus acuerdos con las firmas patentadas, puede explicar que China no ayude a desarrollar economía productiva en África. A tenor de lo cual algunos países, como Angola, van reduciendo la incidencia de las empresas chinas en su economía. Otros, como Nigeria, mantienen una férrea política proteccionista frente a la presencia comercial china. El gigante asiático se defiende recordando a sus críticos que no solamente importa materias primas de África, sino que también le ofrece a África desarrollo social y económico y moderniza sus infraestructuras. Que sus infraestructuras —si bien es cierto que enriquecen a las élites corruptas de los países africanos— permiten elevar el crecimiento económico que, a largo plazo, mejorará las condiciones de vida de su población. Y que también su demanda de minerales y petróleo favorece la subida del precio de estas materias primas y los beneficiarios son estos países productores.

Comparativamente con Occidente, en lo estrictamente político, y aunque en su conjunto podemos decir que ambos modelos (el oriental y el occidental) se aproximan; hay, sin embargo,
unas sutilezas que contraponen las posiciones chinas de las occidentales. Por de pronto, frente a la autoridad y el comunitarismo chino está la libertad y la atomización del individuo occidental. Así, «en China la norma es el imperio mediante la *ley*,
no el imperio de la *ley*», como en Occidente (véase *Gobernanza
inteligente para el siglo XXI*, pág. 60). Sobre estas bases se asientan, por una parte, el mandarismo meritocrático chino y, por
otra parte, la democracia representativa occidental. Dos modelos que marcan así mismo la concepción de la gobernanza
(buena o mala) de los países y van a ser el centro del debate político de este siglo. En la nueva China neoconfucionista, asentada sobre su mandarismo meritocrático y del gobierno prag-
mático de élites, nadie puede llegar a la cúspide del poder sin
haberse formado en la Escuela Central del Partido y haber superado previamente varios filtros. Entre ellos, tener una carta
de presentación intachable extendida por el Departamento de
Organización del Partido. Para China, siguiendo el decálogo de
Confucio, «la libertad individual y la libertad de expresión de
las personas están subordinadas al objetivo principal del gobierno: fomentar la estabilidad y la prosperidad en nombre del bien
común (véase *Gobernanza inteligente para el siglo XXI*, en la pág.
60). Con esta máxima, los chinos no creen en una democracia
liberal de un hombre-un-voto como en Occidente. Dicho de
otro modo, en la mente geopolítica de Occidente, los territorios e ideologías se ganan o se pierden. En Oriente, lo que preocupa son los aspectos complementarios de un todo, que hay
que equilibrar constantemente sobre una base pragmática que
depende de condiciones cambiantes. De ahí que varios analistas consideran que «China jamás habría conseguido lograr el

milagro de su desarrollo económico a una velocidad sin prece-
dentes a través de la democracia» (véase *Gobernanza inteligente
para el siglo XXI*, pág. 64). La pregunta es: ¿hasta cuándo China
mantendrá su posición del imperio mediante ley? Los gobiernos modernos subsisten solo por la aprobación interesada de
aquellos a los que gobierna. Y mientras China vaya avanzando
hacia las libertades económicas de los chinos y en busca de ese
pastel global del gran mercado, parece improbable que quiera
correr el riesgo de anclarse en ese cajón sin salida de la nega-
ción de la fuerza de las libertades individuales. Por de pronto el
sistema de elecciones en China se circunscribe solo en el ámbito de las aldeas. Pero ¿qué pasará cuando la gente deje de creer
en el sistema propagandístico actual y quiera o pueda pronunciarse y formar parte activa de las decisiones públicas más allá
de las circunscripciones locales? Posiblemente, entonces, será
el inicio del cambio del modelo.

En todo caso, ninguno de los dos modelos (occidental y chino) aborda de lleno la preocupación de las futuras generaciones como es *la utilidad de la economía*. O, dicho de otra manera, construir una economía al servicio de las personas. Esta es
la verdadera cuestión. En mi libro titulado *Crisis y capitalismo
en el tercer mundo*, en su parte introductoria, me preguntaba
«de qué servía la civilización y la revolución técnica-científica
si ese desarrollo no se pone al servicio de la humanidad. Si sus
avatares acaban generando grandes contradicciones y peligros:
degradación de la biodiversidad, armas inteligentes de destrucción masiva, dejando a la cuneta a millones de pobres, etc.».
Hoy en día vivimos inmersos en un modelo en donde nuestra
voluptuosidad nos conduce irremediablemente hacia el indivi-
dualismo. Aquí no caben valoraciones colectivas. Nuestra irra-
cionalidad, que nos aleja del *consumo responsable*, nos hace preso
de más *satisfactores* en cantidad y calidad. Un modelo que des-

atiende, a mi juicio, los cuatro grandes peligros del capitalismo siguientes: *a*) el hambre y las pandemias; *b*) la insostenibilidad medioambiental; *c*) el problema del agua, y *d*) la proliferación de la delincuencia en todas sus manifestaciones.

La utilidad de la economía debe saber responder a estas cuestiones y a por qué, en la historia de la humanidad, las necesidades humanas son pocas, clasificables e invariables. Tal y como afirma Max Neef, economista chileno y ganador del Premio Nobel Alternativo de Economía. Por lo tanto, lo que cambia de persona a persona y de sociedad a sociedad no son las necesidades, sino las formas de satisfacerlas. O sea, los *satisfactores*. A su vez, Amartya Sen, economista indio y premio Nobel de Economía, sostiene que «somos los propios individuos los que debemos asumir la responsabilidad del desarrollo y la transformación del mundo en el que vivimos» […] «que colectivamente no podemos evitar la idea de que los terribles problemas que vemos a nuestro alrededor son intrínsecamente problemas nuestros. Son responsabilidad nuestra…» (véase *Desarrollo y libertad*, pág. 338). Qué hacemos con el problema del hambre en África y, sobre todo, cómo solucionarlo es un problema intrínsecamente nuestro, de los africanos, con independencia de que moralmente también lo sea de los demás o no. Estamos admitiendo que en los últimos años el crecimiento económico de África es un hecho de forma sostenible, pero paralelamente las hambrunas y la desnutrición no han parado de aumentar como tampoco las crisis sanitarias por epidemias, dando la sensación de que la utilidad de la economía y, sobre todo, el papel redistribuidor y protector del estado se han vuelto insolventes. La cuestión medioambiental es otra asignatura que varios países africanos no han acabado por tomárselo en serio. No se discute hoy en día que el desarrollo de un país además de sostenido debe ser sostenible. O sea, una gestión económica sostenible y duradera de un país pasa necesariamente por encontrar una intersección entre su actividad económica y su entorno medioambiental. Se trata de avanzar hacia lo que hoy se denomina la triple sostenibilidad: económica-social y medioambiental. Es, en definitiva, apostar por un equilibrio que permita aprovecharse de los recursos naturales y, al mismo tiempo, protegerlos para las generaciones venideras. Por una parte, la pérdida de la biodiversidad y las catástrofes naturales cada vez más frecuentes en todo el mundo y, por otra parte, el hecho de que el medioambiente no entiende de fronteras, nos animan a reflexionar sobre la importancia de incorporar estas cuestiones en el eje central de las políticas de los Estados.

Igualmente, el problema del agua debe ser tenido muy en cuenta como uno de los posibles conflictos geopolíticos que se avecinan en este siglo. De hecho, ya está abierto el debate sociopolítico entre dos corrientes: quienes lo consideran como un bien social, relacionado con el derecho a la vida, y de aquellos otros que piensan que se trata de un bien mercantil y, por lo tanto, sujeto a tráfico comercial. A medida que se vayan profundizando estos debates, y teniendo en cuenta que el agua es por su naturaleza un bien escaso (me estoy refiriendo al agua dulce y de fácil acceso), pronto este recurso será un bien estratégico y, por lo tanto, foco de posibles conflictos en los próximos años. Por lo que el África que proponemos emerger haría bien en enmarcar esta cuestión en su agenda.

Finalmente, y no por eso menos importante, está la cuestión de la delincuencia en sus múltiples manifestaciones, que también va en aumento conforme los índices del crecimiento económico aumentan, cuestión que se abordará más adelante. La emergencia de África en general, y particularmente de cada país, hará bien en centrar su atención en estas cuestiones porque «sería una tontería construir una ambiciosa estructura sobre arenas movedizas», tal y como nos advierte Amartya Sen (véase *Desarrollo y libertad*, pág. 300).

El diseño de nuestro desarrollo debe ir parejo a una economía pensada para ser útil a las personas. Es lo que en mi libro *Crisis y capitalismo en el tercer mundo* bauticé como «humanizar la economía». Un proceso mediante el cual se aproximen los beneficios de la actividad económica hacia los más desfavorecidos, sin alejarse de la eficiencia ni de la competitividad empresarial. Un sistema más justo que sea capaz de compaginar el liberalismo económico con la atención a las necesidades de las personas que, como he parafraseado antes, son pocas, clasificables e invariables.

Con todo lo anteriormente expuesto, estamos en condiciones de establecer una comparativa entre Occidente y China. Conocemos nuestro recorrido histórico con Occidente. Sabemos lo que nos dio y dejó de ofrecer. Lo que nos propone ahora y para el mañana. También conjeturamos con lo que nos brinda y promete China. Y digo bien, porque de China no sabemos casi de nada. ¿Quién sabe de China más de lo que ellos mismos quieren que se sepa de ellos? Como prueba, ahí va el botón: en febrero de 2015, China inaugura un laboratorio nacional de biodiversidad, considerado como el más seguro del país, al estar catalogado por los expertos en el nivel cuatro, el más alto posible. La finalidad de este es trabajar y experimentar con los virus y bacterias más peligrosas del planeta para encontrar los antídotos posibles, dicen ellos. Dicho laboratorio se localiza intencionadamente en Wuhan, en el centro de la mismísima China.

A principios de enero de 2020 el mundo se despierta con una más que inquietante noticia: el coronavirus o covid-19, de procedencia china. Su origen sigue siendo un misterio para el resto de los profanos del mundo. Pero su forma de contagio o peligrosidad, por encima de la gripe aviar o la porcina, todos de la misma procedencia, ha hecho saltar todas las alarmas. Mientras los mismos chinos se limitaron a explicar (en un principio) que se trataba de un virus escapado de algún mercadillo de animales, expertos internacionales entendidos en la materia que fueron consultados se apresuraron en afirmar que aceptar esta teoría simplista china (de que se trate de un virus transmitido por no se sabe qué animal) simplemente es un acto de fe. Esas mismas voces, pretendiendo en echar toda la basura al gigante asiático, no paraban de sentenciar que China conoce la gravedad del asunto y la oculta al resto del mundo. Así, y mientras la comunidad internacional se preguntaba qué sabría China de este virus, el gobierno chino se apresuraba a poner a salvo a su población: Poniendo en cuarentena a millones de personas y construyendo hospitales en tiempo récord. Pocos meses después, el covid-19 empieza a sacudir todo el mundo. Del norte de Italia se fue expandiendo como pólvora a España, Francia, el Reino Unido, África, Estados Unidos de América, etc. Y, como consecuencia de la crisis sanitaria, el mundo cae en una crisis económica de magnitudes todavía por determinar.

Ahora que China se expande como un champiñón por un África sin mecanismos suficientes de control de lo que nos traen o pudieran prometer o comprometer, instalar, explotar y exportar; ¿también debemos los africanos agarrarnos a lo de acto de fe? Esa es la cuestión. Sin duda, el hermetismo chino en casi todo no es una variable que deba infundir demasiado optimismo. Ya se sabe, en economía las incertidumbres no son buenas compañeras de viaje.

De manera que tenemos elementos suficientes para valorar una u otra oferta y escoger al socio preferente para nuestro desarrollo. Y, no siendo suficiente con todo esto, también ahora estamos abriendo nuestras puertas a los otros dos gigantes países emergentes del momento: Rusia y la India, sin perder de vista a Brasil por aquello de cooperación Sur-Sur. O sea, queremos estar con todos y con ninguno a la vez. Algo así como una visión renovada de aquella política nefasta de la no alineación de los años setenta del siglo pasado que tanto daño causó a África. Estando con ninguno y con todos al mismo tiempo, nadie nos prestó suficiente atención y sincera cooperación. Unos nos ofrecieron una deuda externa estranguladora, cuando lo que esperábamos era un parecido al Plan Marshall tras la Segunda Guerra Mundial; mientras los otros nos proporcionaban armas. Muchas armas, que oxigenaban sus economías de guerra, para matarnos entre nosotros. Y entre ambos agitaban el avispero africano. Pero ninguno, al menos entonces, se preocupó por el desarrollo social-económico de África. No se pretende con todo esto insinuar que África deba *unidireccionar* su cooperación y dar la espalda al resto del mundo global. Pues la cooperación en esta era de la globalización debe entenderse como un hecho. O sea, todos con casi todos. Pero una cosa es esa y otra diferente debe ser centrarse en una línea política/económica bien definida. A partir de ella, seleccionar los compañeros prioritarios de viaje. Un ejemplo de ello se observa en la disparidad de procedencia de los egresados en varios países africanos, así como en la cualificación profesional de los mismos. Ya en el país, cada cual exhibe su repertorio ideológico y profesional particular y se van formando gremios por procedencia. En esas circunstancias, el diálogo y los debates profesionales se vuelven insostenibles. No hay homogeneización de contenidos y todos se sienten con autoridad profesional de para todo.

Ahora retomemos e intentemos responder a nuestra pregunta aparcada arriba. ¿Qué puede aprender África de China? África no debe plantearse como objetivo aprender del modelo de desarrollo chino e imitarlo al renglón, como el de cualquier otro país o región. Cortar y pegar los modelos de otras zonas, sin filtros previos, sería un error. Eso sería tomar prestado los fundamentos claves de dicho modelo. Las realidades casi siempre son diferentes. África debe encontrar su propio camino. Las economías africanas tienen un gran potencial, ya descrito en su apartado correspondiente. Hoy en día, el desafío consiste en asegurar la mejor inserción posible en las cadenas de valor mundiales y que sus beneficios contribuyan a la mejora de las condiciones de vida de la población de cada país. Desde aquí es donde debe fundamentar su propio modelo, siempre dentro de las particularidades de cada país, si bien hay ciertos elementos generales dentro del contexto global de todos aquellos países que emprendieron el camino hacia la industrialización inclusiva. Entre ellos están las medidas proteccionistas para ciertos sectores estratégicos o actividades productivas y estímulos hacia la inversión privada para favorecer la producción nacional. Nigeria, por ejemplo, en este sentido lo está haciendo bien. Ciertamente, a su favor tiene a sus más de 200 millones de consumidores, una clase empresarial y de comerciantes muy activos y una determinación política para convertirlo en un gigante, al menos dentro del contexto africano. La mayoría de la producción de sus bienes de consumo ordinarios (electrodomésticos, electrónicos, ropas, zapatos, muebles, de construcción, etc.), que en otros países están copados por los comerciantes chinos, son de producción nigeriana con idéntica calidad china, «bonito-barato». De hecho, su presencia está compitiendo con pujanza en otros países africanos con los productos chinos. Igualmente, Nigeria está potenciando su sector empresarial nacional con fuertes subvenciones a ciertos sectores productivos. Es el caso de su industria cinematográfica que, en poco tiempo, una vez segmentado su mercado, se ha situado claramente en tercer lugar mundial. La Nollywood nigeriana ha encontrado en África subsahariana su cuota de mercado y se ha posicionado. La pregunta es, en igualdad de condiciones, «bonito-barato», por qué habría que seguir apostando por los productos chinos y no favorecer el comercio próximo, que entre otras razones supone una cooperación Sur-Sur más efectiva además de favorecer los costes logísticos.

4.3. ¿Estrategias comunes?

Llegado a este punto, y antes de esbozar unas posibles sugerencias globales sobre la emergencia africana, vale la pena hacer una muy breve incursión sobre el posible escenario que se vaya a dibujar poscovid-19, aunque sea de manera muy por encima y prematura. Sin duda alguna el covid-19 ha puesto en tela de juicio la insolvencia de todos los países ante los virus, que no entienden de fronteras, de hegemonías de Estados ni de clases sociales. Incluso los sistemas sanitarios más poderosos han sucumbido a su virulencia. Sin embargo, una cosa parece clara para todos los países. Muchas cosas van a cambiar a partir de ahora. Este próximo mañana que ya se está dibujando supondrá un cambio muy significativo no tan solo en el nuevo orden de alianzas y bloques, sino también en la reestructuración de la economía mundial. Se avecinan tiempos en los que algunos países o bloques de países deberán reafirmar sus hegemonías, otros lucharan por proteger sus independencias y entre todos, cada uno se afanará en proteger sus activos estratégicos. El principal de todos es la población. Sin población no hay economía y sin buena sanidad tampoco habrá población que haga rodar el consumo. En África, ya lo vengo sosteniendo con cierta pesadez redundante pero necesaria, su mayor activo es su población. Ahora más que nunca, en este mundo que se aproxima en donde los virus (muchos de esos propagados por los poderosos) van a estar presentes en nuestro día a día y en donde las pandemias pueden ser azotes constantes para los menos favorecidos; África tendrá que invertir mucho en investigación científica sanitaria y equipamientos sanitarios para reducir su dependencia absoluta en este subsector tan estratégico como vital. Pero también deberá estar atenta al «boca a boca» callejero y a esa irrupción no controlada de las informaciones de WhatsApp que señalan como finalidad de estos virus la de controlar el crecimiento poblacional africano a lo maltusiano mediante posibles vacunas diseñadas desde fuera para ser probadas por primera vez en África. Habrá que abstraerse de ese pesimismo y victimismo a cambio de mostrarnos a nosotros mismos y también al mundo nuestras capacidades. Eso ha hecho Madagascar, rivalizando con el Occidente y anticipándose incluso a las grandes farmacéuticas occidentales y a la misma OMS en cuanto a los remedios contra el covid-19. Desde aquí un país pequeño y casi desconocido (y lo digo muy cariñosamente) podría acabar siendo una gran referencia en esta cuestión, si la OMS no entrara en exigencias de firmas de acuerdos de confidencialidad a cambio de que los malgaches les revelaran su secreto científico.

Y es aquí, en esa lucha de bloques que se avecina, donde África debe marcar ya su posición, a pesar de sus debilidades, pero también gracias a sus potencialidades. Es el momento de no arrugarse, pero sí de marcar posiciones que protejan nuestras independencias y nuestros activos estratégicos. Y a partir de esta óptica cada país podría ir implementando medidas que permitan su desarrollo ordenado. Por ello no pretendo señalar como exclusivas ni universales las estrategias a seguir por los diferentes países africanos para ser emergentes. Serían temerarias tales aseveraciones. Está claro que cada cual deberá adoptar posiciones diferentes o parecidas, según su singularidad, sus competitividades y medios de los que disponga. Tampoco habrá que pensar que en el próximo medio siglo todos estos países alcancen ese objetivo emergente. Ni mucho menos se espera que para entonces ese sea el horizonte que conseguir. La evolución económica desde siempre es una carrera de constantes cambios de ritmos.

Y es que los ciclos económicos y las preferencias (siempre cambiantes) de las personas y población y, comparativamente con la evolución de los demás países y el siempre genérico contexto mundial, determinan cuáles son los objetivos en cada momento. Siendo así, por ejemplo, conseguir hoy los objetivos de hace un siglo carece de mucho valor y satisfacción. Más importante es la búsqueda de ese desarrollo infinito e indeterminado en el que se afanan todos los países por alcanzar, también contextualizándolo en el momento. Dicho de otra manera, lejos de fijarse un horizonte etéreo acotado en un tiempo definido, más importante es planificar sobre las realizaciones concretas que demanda la sociedad en cada momento. La gestión del agua potable, el suministro de luz, la lucha contra el chabolismo y construcciones no urbanizadas, etc., siguen siendo demandas fundamentales aún por resolver en muchos países africanos, hoy con el discurso político a mano de la emergencia.

En cualquier caso, en su intento, y desde el desarrollo teórico, habrá que trazar una hoja de ruta general. Ya se ha comentado sobre el gran potencial que tiene África, así como de sus espectaculares tasas de crecimiento económico de los últimos años. Precisamente por ellos, África deberá afrontar grandes desafíos si quiere ser emergente, con los matices ya señalados de lo que es la emergencia económica. Lo cual equivale a decir, desde la utopía del horizonte emergente, que los países africanos deberían contemplar varios objetivos previos, antes de incorporarse en la gran cadena de valor del gran mercado mundial, porque solo así podrán crecer de manera inclusiva y sostenible. Ya entonces, una vez superadas las debilidades y controladas las amenazas, y no antes; el discurso de emergencia económica vendrá dado. Queremos decir que África en su anhelo hacia una verdadera emergencia económica, deberá primero disciplinarse en varias cuestiones vitales. Por ejemplo, tendrá que disciplinarse en la transición de sus economías de bajos ingresos a unas economías de ingreso medio. Aquello requiere la transformación de sus estructuras económicas: de las actividades predominantemente agrarias y extractivas a unas actividades de mayor valor añadido en los sectores industriales.

África necesita imperiosamente industrializarse. Cuando ahora Occidente está camino a su cuarta revolución industrial, la revolución digital, África no puede quedarse anclada en la economía rudimentaria extractiva. A esta conclusión llegaron los líderes africanos asistentes a la Asamblea Anual de Ministros de Economía y Finanzas durante la Conferencia de la Comisión Económica para África (CEPA) y la Conferencia de la Unión Africana (UA) en Abiyán (Costa de Marfil) los días 25 y 26 de marzo de 2013. Durante esta, el presidente de la Comisión de la Unión Africana, Nkosazana Dlamini-Zuma, llegó a afirmar que «la industrialización no es un lujo para la región, sino una necesidad». En efecto, ha llegado el momento en el que África, paralelamente a los objetivos de estabilidad política, estabilidad del marco macroeconómico y la calidad de las infraestructuras, tiene que proyectarse hacia una industrialización ordenada. Debe invertir en los nuevos sectores más productivos e ir alejándose de aquellas producciones de bajo o nulo valor añadido, si quiere entrar en el circuito de la cadena de valor mundial e incrementar su cuota de participación en ese gran pastel. En este sentido, la industrialización se justifica por la baja contribución que representan las exportaciones mundiales de las materias primas, que no superan el 3,5 % a pesar del incremento de su valor nominal en los últimos años. Además, es en el sector productivo donde más empleo y de mayor calidad se creará, teniendo en cuenta que, con la tendencia demográfica actual, para el año 2030 aproximadamente 370 millones de jóvenes africanos estarán llamando a la puerta del mercado laboral de este continente. Muchos de ellos cualificados que demandarán puestos de trabajo no precisamente manuales. De manera que existe un peligro claro, a medio y largo plazo, de que haya insuficiencia de puestos de trabajo para este segmento laboral capacitado, a menos que se incorpore la economía productiva y de servicios.

No se está queriendo decir con ello que África debe abandonar su sector agrícola, en particular, y primario en general, sino que esta también debe entrar en la era tecnológica. Debe ser modernizada, mecanizada y diversificada. Mediante una correcta implementación de políticas sectoriales, la integración de las poblaciones rurales y marginadas será más eficaz y la cuestión de las desigualdades espaciales será mejor tratada. Países como Etiopía, Ghana o Kenia, que están transformando exitosamente sus respectivas cadenas de valor agroalimentarias, están consiguiendo crear empleos y relanzar sus crecimientos economías a partir de este tipo de agricultura mecanizada.

Hay otras recomendaciones generales.

a) **Fortalecer la capacitación de sus recursos humanos.** Paralelamente a lo anterior, la industrialización debe sostenerse a partir de la economía del conocimiento. Dicho de otro modo, un cambio hacia modelos de producción tecnológicos debe ir parejo a una mayor capacitación de la mano de obra. Los Estados deberán poner en marcha políticas públicas sólidas, que permitan incorporar tecnología, ganar en conocimientos y obtener información sobre los movimientos del gran mercado. El acceso a esta nueva economía mundial, la economía del conocimiento, requiere emplear recursos humanos locales y adiestrarlos en su buen manejo. Esta economía que permite interconectar los mercados financieros mundiales, cuyas decisiones productivas se ejecutan en tiempo real, va adquiriendo un gran poder global que le permite influir en todos los sectores. Todo gracias a la innovación tecnológica emanada de la investigación. Esta es y será en las próximas décadas la herramienta más poderosa de la globalización, y sus personas cualificadas serán su materia prima más preciada. La capacitación de los recursos humanos será fundamental particularmente para África porque, mediante esta, el crecimiento y su desarrollo económico serán inclusivos, como ya se ha comentado. O lo que es lo mismo que el impulso hacia una economía productiva, consistente y competitiva será posible si se implementa desde el fortalecimiento y la capacitación de la mano de obra. No será suficiente poseer ciertas ventajas competitivas en materias primas, si no se acompaña con la cualificación local y tecnología. De hecho, hasta ahora no lo ha sido. Ahí están los casos de los países escasos de recursos naturales, pero que se han convertido en punteros en el contexto económico mundial y de otros tantos que están camino de ello, gracias por su potencial tecnológico y la capacitación de su mano de obra. Son países que se han empleado exitosamente en la investigación y desarrollo (I+D) a los que se han añadido la innovación. Tres elementos esenciales (I+D+i) para ser competitivos en el mercado mundial actual. De manera que si África no quiere seguir ampliando su brecha de relación real de intercambio (RRI) con los países avanzados, la inversión para la capacitación tecnológica de sus recursos humanos debe tener un apartado presupuestario muy importante. La formación y empleo de ese activo será esencial para su inserción en cadena de valor mundial, que es tanto como decir avanzar hacia la emergencia económica.

b) **Robustecer y fortalecer al pequeño y mediano empresario nacional y, con ello, a la clase media local.** Complementariamente a la industrialización en general, se debe armar a las pymes nacionales. El impulso económico debe descansar sobre la clase media de los propios africanos. Deben ser suyas mayoritariamente esas pequeñas y medianas empresas las que tengan que ser los motores de esa actividad. A la vez que las grandes corporaciones empresariales tengan una incidencia accionarial y profesional local. De lo contrario, estaríamos en manos especuladoras cuyos resultados empresariales no generarían a la larga un valor añadido en términos de desarrollo del continente. Pero hay más. La competitividad de las empresas será crucial para que los productos africanos puedan superar la prueba de los mercados internacionales. Contextualizando estas observaciones en la realidad macroeconómica, quiere decir que los países africanos deben esforzarse por ser competitivos, porque es la manera por la cual pueden integrarse en el mercado global de manera más exitosa. O lo que es lo mismo decir que sus productos estarían en condiciones de superar las evaluaciones a las que serán sometidas por los consumidores de los mercados internacionales. Siendo así, el empeño de las naciones africanas porque sus productos sean competitivos tendrá que ser una variable importante en sus políticas macroeconómicas, desde las variables agregadas. En ese enfoque, las actuaciones de las naciones desde la óptica macroeconómica, sin excluir, se tendrán que focalizar en:

- Proporcionar los mecanismos para que las empresas mejoren sus niveles de productividad, por cuanto representa uno de los factores más determinantes de la competitividad internacional de un país. De manera que las ventajas absolutas descritas arriba (población y recursos naturales) que pudieran ser significativas desde la vieja teoría del comercio internacional no serán suficientes para la nueva África si no se las dota de un nuevo dinamismo basado en estrategias de desarrollo científico y tecnológico.
- Forjar un mercado interafricano y apoyar la microeconomía. Por una parte, impulsar el comercio entre los países africa-

nos debe ser la primera asignatura por superar antes de poner rumbo definitivo hacia el mercado global. Por supuesto me estoy refiriendo a un escenario en el que buena parte de este sea concebida por oferentes y demandantes africanos. Es decir, por productos cuya producción (o al menos en su última fase) se haya realizado dentro de los límites geográficos africanos y su consumo igualmente se haya producido en África. Los países ahora desarrollados y los que están en esa fase (los llamados emergentes) en alguna fase de su proceso de desarrollo han tenido que aplicar ciertas medidas proteccionistas. A pesar del discurso de la liberalización y globalización actual, algunos países desarrollados siguen aplicando las mismas medidas selectivas para salvaguardar los intereses de algunos agentes económicos de sus economías. Y, por otra parte, los Estados deben favorecer aspectos relacionados con la microeconomía, tales como: La formación de la mano de obra especializada; facilitar o garantizar créditos bancarios blandos; otorgar subvenciones (de capital y a la explotación) para mejorar la competitividad y la productividad de las empresas, etc. Por su parte, las propias empresas tendrán que esforzarse por hacer una buena segmentación de sus productos con el fin de crear un valor añadido suficientemente atractivo que les permitirá hacer frente a la competencia, sobre todo en aquellas empresas que por su capacidad o dimensión no pueden ser líderes del mercado. Se trata de crear un valor añadido que le permita posicionarse en el mercado con cierta ventaja competitiva difícil de ser igualado por otras empresas que compiten en el mismo segmento de mercado. Dos importantes líneas de actuaciones paralelas y complementarias que favorecerán la diversificación productiva.

c) **Controlar las materias primas.** De igual manera los países africanos deben salvaguardar y tener el control de sus materias primas. Su segundo activo vital, después de su población. La devastación de estas, su exportación a precio de saldo y otros tipos de expolios a las mismas son serias amenazas para los objetivos emergentes de África. Como también lo es la venta indiscriminada de grandes extensiones de tierras fértiles, en algunos países africanos, a favor de ciertas multinacionales extranjeras. Uno de esos casos fue el de empresa surcoreana Daewoo que compró más de un millón de hectáreas en Madagascar.

La selección cuidadosa de las prioridades para el desarrollo debe ir pareja a la elección de los sectores estratégicos y de un cuidadoso control y vigilancia de los recursos naturales. Una aparente ventaja natural (sin una adecuada racionalización) puede acabar siendo maldita. Ahí están los casos de aquellos países que, en una época nadaron en la abundancia y, en apenas dos décadas, vieron temblar los cimientos de sus finanzas. No es lo mismo explotar recursos renovables (como los agrícolas) que aquellos que no lo son, como los mineros o hidrocarburos. Tampoco debe mantenerse el mismo enfoque entre aquellos productos intensivos en mano de obra local contra aquellos otros que utilizan más tecnología extractiva exterior. Del mismo modo no se debe poner el mismo enfoque en aquellos productos que se exportan sin transformar que aquellos que generan un valor añadido desde las economías locales. Son tan solo algunos ejemplos que nos permiten observar la necesidad de priorizar sobre cuáles recursos han de descansar esta primera fase de nuestro proceso de despegue hacia la emergencia.

d) **Perseguir la integración regional y la moneda común por subregiones.** Esta es otra de las estrategias que hay que tener en cuenta para el desarrollo y el comercio intrarregional más dinámico. Por una parte, las integraciones económicas arriba descritas y otras no solo deben vehicularse hacia un verdadero mercado común. También, y para su efectividad, deben propiciar una política comercial, monetaria y fiscal común. La armonización de estas políticas desde las directrices de un mismo banco central es la verdadera esencia de una integración económica. Con ella, se refuerza la cooperación política entre los Estados miembros; los países firmantes se obligan a generar mayor trasparencia y estabilidad política; se mejora el flujo de personas y por lo tanto se amplían las posibilidades de crear empleo y la expansión del mercado; se reducen los costes del comercio y aumenta el poder adquisitivo de las personas. Si bien es cierto que, para los países con menor nivel de apertura o mercados menos eficientes, la integración puede generarlos perdidas de cuotas de mercado por la competencia de los productos de los otros países más activos; no es menos cierto que con una política de fondos de compensación también estos países irían ganando eficiencia y especialización productiva.

Por su parte, está la cuestión de la divisa propia. La necesidad de una moneda común y propia no determinada ni controlada más allá que por el mismo mercado monetario está muy ligado a la integración. Pero que al mismo tiempo tenga la libertad de movimiento y de transacción como cualquier otra divisa de las demás regiones o países; pongamos por caso el dólar, euro, yen, etc. Por de pronto, los acuerdos de la francofonía que establecieron un sistema de paridad de la divisa francesa y el franco CFA no basado en la equivalencia financiera de los mercados financieros, sino por las propias conveniencias de la metrópoli, no han favorecido la gestión económica de los países bajo el control del Tesoro francés. Con la creación de la Comunidad Económica Europea, Francia propuso un régimen de asociación de estos países con la CEE. Con la adopción del euro, el sistema de paridad de la moneda unificada de Europa con el franco CFA se establece al cambio de 655/euro, a condición de que los países africanos afectados mantengan el 85% de sus reservas en el Tesoro francés, a cambio de garantizarles la convertibilidad hasta ese techo. Digamos que buena parte de su masa monetaria estaría bajo el control del Tesoro francés. Lo cual equivale tener maniatados a las autoridades monetarias de los países africanos del franco CFA. No pueden implementar políticas monetarias/fiscales, no pueden conceder créditos al sector productivo, ni pueden plantearse la devaluación del franco CFA si no es con el beneplácito de Francia. Sin duda alguna, estamos ante un sistema ineficaz en lo económico e ilegítimo políticamente, porque restringía la capacidad operativa del sistema financiero de los países africanos afectados. Un sistema incluso injusto socialmente porque no permite crear empleo, generando una bolsa importante de parados. Con este panorama quedaron lastrados 14 países africanos (incluyendo la República de Guinea Ecuatorial, por su pertenencia a la CEMAC), mientras Francia se embolsa 440 000 millones de euros al año, según estudios de un prestigioso periódico económico alemán. Dicho de otra manera, el 85 % de las divisas de estos países africanos en realidad pertenecen a Francia, como «impuesto por la colonización». Los países implicados están obligados a transferir cada año su «deuda colonial» por las infraestructuras construidas por Francia durante la época colonial. Pero ¿cuánto costaron esas infraestructuras? ¿Cuándo serán amortizadas? Solo el poder neoimperialista y persuasivo francés tiene la respuesta. Habrá que remangarse también para exigir a Francia la compensación por las materias primas que se ha llevado y sigue llevando. Toda una esclavitud económica fundamental para el desarrollo económico a favor de Francia.

Otros países optaron por monedas locales de difícil convertibilidad, pero que en cualquier caso sus economías han respondido mejor a los automatismos del mercado. En todo caso, la vertebración de un mercado único africano, o mercados subregionales, reclama dotarse también de una moneda única. Facilita los intercambios entre los países, siempre que se adopten criterios de convergencia. En este sentido, la iniciativa de la Comunidad Económica de Estados de África Occidental de crear una zona monetaria común, con una moneda única, deberá ser tenida muy en cuenta como acertada, aunque en un principio despierte ciertos recelos.

e) **Adquirir mayor presencia en las instituciones internacionales.** Aquí es donde se deciden las grandes cuestiones. La redistribución del poder mundial. El poder económico, pero también el denominado *soft power* o poder blando, no ha llegado aún a África subsahariana. Solo un país africano, Sudáfrica, forma parte del G20 (frente a seis de Asia-Pacífico, o tres de América Latina). Solo tres países del continente africano: Nigeria y Sudáfrica, además de Chad, son miembros (no permanentes) del Consejo de Seguridad de las Naciones Unidas, que paradójicamente dedica el 70 % de su agenda en aquellos temas que afectan a países africanos. Esta insuficiencia es el más claro espejo de que todavía en África se vive en neocolonialismo. Los dictados de ciertas metrópolis siguen maniatando al continente africano. Lo hemos comentado arriba donde Francia, por ejemplo, y es sobradamente conocido, abusivamente quita y pone presidentes en África a su placer. Los dirigentes africanos «rebeldes» serán considerados «antifranceses», expresión que le gusta utilizar el actual presidente francés Emmanuel Macron. En clara alusión de aquellos que se salen del guion. Nada que ver con la realidad, señor presidente. Cómo el África mayoritariamente colonizada por Francia va a estar en contra de los franceses. Las empresas francesas crean riqueza y empleo en África, donde también pagan sus impuestos. Todo esto beneficia a África en particular, además de la propia Francia. El problema reside en las políticas de Estado a Estados. Cuando por políticas neoimperialistas, no se permite a los africanos gozar de los mismos derechos reconocidos por la Declaración Universal de los Derechos Humanos defendida por Occidente y aplicada en sus fronteras, pero que esos mismos derechos son ignorados para los africanos en África; cuando los países africanos (de habla francesa) no pueden armar sus propias políticas de desarrollo y menos macroeconómicas, porque su base monetaria está controlada por el Tesoro francés; cuando el orden internacional de la Haya puede tan solo juzgar aquellos delitos de líderes africanos seleccionados cuidadosamente por Francia; cuando los grandes delitos y malversaciones de fondos en África no puedan ser juzgados en África porque sus infractores son protegidos de Francia u Occidente. Ese es el verdadero problema, señor presidente Macron. La falta de autonomía judicial en África que impide a que sus dirigentes puedan responder ante sus pueblos de su gestión, porque gozan de la connivencia y la protección de Occidente-Francia. La verdadera emergencia africana se inicia con la resolución de esta básica y eso pasa por una mayor presencia de los países africanos en aquellos órganos de decisión del escenario mundial.

f) **Gestionar la urbanización.** Me he referido a la urbanización como un factor favorable para la emergencia. Pero el proceso de urbanización y el crecimiento de las ciudades deben gestionarse. No puede ser una dinámica caótica que lleve a las ciudades a convertirse en hipertrofias urbanas de millones de habitantes que carezcan de infraestructuras, servicios y sobre todo de empleos. Ciertas ciudades como Lagos-Nigeria son ese claro ejemplo. El que fuera al mercado Mbopi-Douala-Cameron se recreará sobre este estado de caos. Son tan solo algunos ejemplos de este tipo de desconcierto que bien pueden generalizarse en varias ciudades masificadas africanas. La ebullición de la actividad económica en estas ciudades contrasta con el escaso control que la administración tiene sobre su incidencia. ¿Quién controla tanta economía informal, generada en gran medida por la necesidad de subsistencia? Los gobiernos lo saben y miran hacia otro lado. Clara manifestación de ineficacia en su gestión. Se debe evitar la pobreza urbana mediante políticas de administración y control del éxodo rural y a través de una buena gestión de las ciudades. Mejorar infraestructuras, comunicaciones, sistemas de transportes, servicios de limpieza, seguridad, sanidad, educación, etc. Servicios que generan empleo y son consumidos ordenadamente por esa misma población.

g) **Garantizar las libertades y promover el cambio de mentalidad.** He querido dejar esta cuestión en último lugar intencionadamente. La persona nace libre, pero ninguna elige libremente vivir oprimida o en la miseria. Mucha tinta se ha derramado con respecto de la cuestión de las libertades y sobre la fragilidad de los Estados africanos condicionada al diseño heredado de aquella conferencia de Berlín. El pasado que es historia solo debe servir para eso. La construcción del futuro emergente de África debe hacerse soltando lastres y generando mecanismos de empoderamientos y libertades. El desarrollo, tal y como lo concibe Amartya Sen, «es un proceso de expansión de las libertades reales de que disfrutan los individuos» (véase *Desarrollo y libertad*, pág. 19). Lo que equivale a afirmar que no se concibe un país desarrollado sin libertades consolidadas de sus ciudadanos. Pero las libertades no son títulos nobiliarios o cuadros académicos decorativos en las paredes. Las libertades se deben ejercer. Son parte esencial del empoderamiento de las personas. Tienen que ver con el buen funcionamiento de las instituciones sociales y económicas y con los derechos políticos y humanos. En la misma página, Amartya Sen sostiene que «el desarrollo exige la eliminación de las principales fuentes de privación de libertad: la pobreza y la tiranía, la escasez de oportunidades económicas y las privaciones sociales sistemáticas, el abandono en que pueden encontrarse los servicios públicos y la intolerancia o el exceso de intervención de los Estados represivos». Por lo tanto, no es difícil concluir, como Amartya Sen, que el fin principal del desarrollo es la libertad misma.

En varios países africanos sigue persistiendo el atrincheramiento étnico y el ejercicio natural del poder dominante e imperial. No en vano varios sociólogos, como Salvador Giner, sostienen que «en aquellas sociedades en las que la jerarquía tribal y familiar se confunden con la política, no se puede hablar de gobierno en el sentido estricto de la palabra» (véase *Sociología*, pág. 189). Si bien es cierto que su reflexión la asocia con las sociedades primitivas, no es menos verdad que la forma en la que ciertos mandatarios africanos concentran el poder en su oligarquía étnica sea equiparable con los sistemas absolutistas, a lo despotismo moderno. Aceptan constitucionalmente la separación de poderes y crean las instituciones que deben nominalmente implementar dicha separación de funciones, pero desconfían de ellas y las controlan. Por eso, el cambio de mentalidad debe empezar con ellos, para que sea secundado por el resto de la población; porque desde esta (su) autocracia contemporánea (del poder total, aquí la redundancia es necesaria) la corrupción simplemente pasa a ser una variable consecuente. Ya se sabe aquel dicho: el poder absoluto corrompe absolutamente. Y con ese basamento absolutista el poder y las influencias se ejercen en claves mesiánicas y el valor de la persona (véase mi libro *El juego social*, en su segunda edición, págs. 55-57) queda reemplazado por la consanguinidad. Es la ausencia escenificada del Pacto Social mientras que el incivismo, la debilidad del Estado mismo y, por supuesto, la inseguridad jurídica son clamorosos. Este es el resultado del descontrol de los excesos de los poderes públicos que son el reflejo de la debilidad democrática, como sostengo en mi libro anteriormente citado (págs. 124-125).

El vacío de ley (entendida como ese conjunto de normas que orientan la conducta o el comportamiento de una comunidad) en su ejecución práctica, hace imposible la convivencia en varios países africanos. La democracia, ahora en boga en los discursos políticos africanos, debe significar también compartir el poder, porque un proyecto social (con tanta heterogeneidad cultural) debe permitir un sistema de vida en el que convivan las diferentes culturas de ese país con la participación de todas ellas en el gran juego social. Actualmente no es concebible para una sociedad que aspira a desarrollarse que una cultura, etnia o clan tenga sometida al resto por razón militar, mayoría numérica o por cualquier otra razón trasnochada. La aprobación de leyes técnicamente ejemplares por sí solas no garantizan su suficiencia. Bueno sería recordárselo una vez más a los gestores de la política africana. Es tan solo una condición necesaria. Pero el diálogo y su aplicabilidad son el camino. Solo de esta manera, y para avanzar hacia la emergencia, que supone extender el desarrollo en todos los confines del país, o lo que es lo mismo que avanzar hacia unas sociedades modernas; las decisiones o innovaciones tecnológicas adoptadas desde el centro geográfico decisor se podrán difundir o implementarse con cierta celeridad en todo el país. También, por cohesión social, territorial y por razón estrictamente del mercado, las prebendas que proporciona el Estado podrán extenderse en todas las regiones nacionales.

4.4. Conclusiones

Al hilo de todo esto, se pueden extraer varias conclusiones. En un primer término y con independencia de manifestaciones políticas e institucionales, se puede afirmar que a partir de la segunda mitad de este siglo los países africanos deben ocupar algunos vagones del tren del crecimiento económico mundial. Objetivamente, la realidad actual de África se dibuja como la de un continente en pleno proceso de transformación y no precisa ni exclusivamente de iniciativas venidas de fuera, a pesar de que todavía hay desconfiados que siguen dudando del esfuerzo genuino africano, como también de aquellos escépticos que creen que sin la mano del «hermano mayor», Occidente, África es incapaz de arrancar por esfuerzos propios. Ciertamente, siguen existiendo importantes bolsas de hambrunas, desigualdades de género, problemas interétnicos, carencias estructurales y deficiencias de gobernabilidad plural. Pero, y a pesar de todo esto, no hay motivos para impacientarse. África se está levantando. Está volviendo a resucitar. Hay un dinamismo que se está dejando sentir en varias esferas. Por primera vez las cosas se están haciendo de manera diferente para la futura África de mediados de este siglo. Por de pronto, la mejora de la oferta sanitaria, combinada con la caída de la mortalidad infantil, está permitiendo un fuerte crecimiento de la población y una mejor calidad de vida a nivel global. Paralelamente a esto, al menos en los últimos siete años, en varios países de África se está cimentando un crecimiento económico y social sostenible (no exento de vaivenes cíclicos económicos naturales) que alimenta cierta esperanza en el sentido de que ahora sí que «podemos».

Los cambios políticos iniciados en África en la década de 1990, con el abandono paulatino del monopartidismo y la relajación del escenario de los conflictos armados, han ido propiciando un marco de mayor estabilidad política y con ella un mejor clima de negocios. Con ello también África, por fin, entendió que solo el liberalismo económico, y no el socialismo (a lo bantú) o el comunismo, era el camino si quería colocar su producción en el mercado mundial y adquirir de él las divisas y maquinarias necesarias para acometer sus infraestructuras. Pero los países africanos dieron un paso más. Empezaron a implementar otras medidas de acompañamientos: reformas institucionales y tributarias; adopción de códigos de inversiones más favorables para la entrada de capitales extranjeros; leyes y ayudas para la promoción del tejido empresarial nacional; control de ciertas variables macroeconómicas, especialmente la inflación, etc. Desde entonces, y también favorecido con el despunte en los precios de las materias primas motivado por una mayor demanda de estas (sobre todo por los países emergentes), los valores de las exportaciones de África se fueron incrementando y empezaron a fluir divisas, ya no precisamente procedentes de las ayudas condicionadas de Occidente y de la deuda externa de las instituciones financieras internacionales. Y, a pesar de que buena parte de esos recursos se han difuminado en la corrupción, no es menos cierto que otra parte se ha ido canalizando en la construcción de las infraestructuras. Este cambio de tendencia es la sana consecuencia del fuerte crecimiento económico que se viene produciendo en África desde 2007. Y de echar por tierra las afirmaciones de un prestigioso diario económico que hace más de un decenio llegó a aseverar que África era «un continente sin esperanza». Hoy en día, tras China y la India, África en su conjunto es la región que registra mayor crecimiento económico con seis de las economías más pujantes del mundo. Se espera que se mantenga este dinamismo para los próximos años. Y con él las cartas credenciales de África en el contexto económico mundial no tardarán en surtir efectos. No es para menos por lo que los propios africanos empiezan a ser optimistas con vistas a la emergencia económica del continente. Su potencial en recursos naturales y en población son las grandes garantías.

Pero hay varios deberes pendientes. Para que África aproveche mejor su potencial y abandone su papel residual en el contexto mundial, necesita revalorizar su producción y asegurar una mejor inserción en la cadena de valor. Se trata de un proceso complejo que requiere seguir avanzando y acometiendo varias transformaciones estructurales políticas, económicas y, sobre todo, sociales. En lo político, la lucha por la buena gobernanza, contra el radicalismo y el tribalismo trasnochados y a favor de la consolidación de las democracias en el marco del *juego social* y de limitar los mandatos presidenciales serán esenciales. Y, con todo esto, África se debe abrir al mundo. Debe encontrar su espacio de participación en las grandes instituciones mundiales, donde en realidad se deciden las cuestiones del planeta. En lo económico, no son menos los retos: será fundamental transformar los parámetros económicos actuales; apostar por la economía del conocimiento, la industrialización y la innovación tecnológica; por la diversificación, el desarrollo del subsector de los servicios y por el desarrollo de políticas intersectoriales; por el buen gobierno de las grandes macromagnitudes, por la lucha contra la corrupción y el enriquecimiento ilegal; igualmente por la lucha contra la economía informal, por la trasparencia fiscal y por el control de los flujos financieros ilícitos; etc. En lo social, África sigue siendo, por detrás de América Latina, la región más desigual de la tierra. La mejora en las condiciones de vida de la población, la educación, la sanidad y la inseguridad son sus grandes desafíos. La inserción en la cadena de valor requiere crear un marco de oportunidades para todos, con especial atención hacia las poblaciones pobres, marginales, mujeres y jóvenes. Hará falta políticas públicas que incorporen a las mujeres en el engranaje y en la igualdad de género, que se articulen políticas de educación orientadas al empoderamiento de la población y al tipo de desarrollo de cada país y que mejoren la seguridad jurídica, que también tiene que ver con la seguridad en los negocios. La combinación de los tres escenarios (político-económico y social) no será posible si no hay un cambio global de mentalidad. Comparto con la socióloga camerunesa Axell Kabou en su extensa reflexión cuando afirma que «la implementación de sistemas multipartidistas no será un remedio si la mentalidad de la gente no cambia. Hay que cambiar los discursos, los complejos de persecución, las ideas infantiles sobre el colonialismo, la pereza, la ineficacia y el caos administrativo». África debe sacar conclusiones de su marginación, no tener miedo de compararse con otras civilizaciones y olvidar sus complejos, para abrirse urgentemente al exterior. Debe ser capaz de librarse de la vergüenza de la esclavitud y de la colonización, aceptando científicamente que el continente no se hundió de golpe, sino que sus pueblos tuvieron parte de culpa en su propio hundimiento. La fuerza de las naciones proviene de una combinación de realidades y creaciones propias y extrañas. Es cuestión de voluntad política y popular (véase *África en la encrucijada*, págs. 24 y 25).

En definitiva, África, que aspira a entrar en la era de la civilización y que no puede disociarse de la tecnología, además de seguir trabajando por mantener y mejorar los niveles de crecimiento económico, tendrá que asegurar también que las bonanzas de ese crecimiento alcancen a la mayor parte de la población. Lo cual implica seguir avanzando en la mejora de la sala de máquina de la economía en su conjunto: tecnología-conocimiento-civilización. Una terna que no pueden entenderse de forma aislada. La tecnología genera oportunidades, mejora las capacidades y calidades productivas; el conocimiento es el aliado perfecto para el buen uso de la tecnología y permite, además, crear nuevas oportunidades productivas. La civilización es la mejor consumidora de las oportunidades generadas por la combinación de la tecnología y el conocimiento.

Pero para que esto se pueda poner en marcha, África debe creer en sí misma. Es un continente rico en población, que se traduce en abundante mano de obra y capacidad de consumo. Un paraíso en recursos. Su subsuelo puede alimentar a Europa, Asia y América. Y es anhelado por ellos. Nuestra emergencia, en lo políticamente hablando, debe traducirse en la firme voluntad (también política) de integrar todas las sensibilidades atómicas de cada uno de nosotros y en la capacidad de gestionar la *cosa común pública*. Hay que poner énfasis en este punto, donde el cambio de mentalidad, desde arriba, es fundamental. Sus egresados (economistas, ingenieros, arquitectos, etc.) formados mayoritariamente en universidades punteras de Occidente y los otros que se han especializado en las universidades nacionales igualmente reconocidas, deben gozar de plataforma necesaria para ejercer su profesión.

Termino. África debe huir del discurso político sobre la emergencia económica, pero sí centrarse en la necesidad, la imperiosa necesidad, de integrarse en la cadena de valor del gran mercado mundial, desde la globalización liberal, la economía de información y del conocimiento y no desde el socialismo bantú vetusto y caduco. O lo que es lo mismo desde la economía tecnológica, la que permite generar valores añadidos. A partir de ahí, la emergencia económica vendrá dada. Ahí es donde se produce y se comparte el pastel. El pastel del gran mercado solo se reparte y seguirá repartiéndose por los que se incorporen en su elaboración previa, con capacidades científicas y técnicas. Porque son estas capacidades las que precisamente marcan las diferencias entre los países industrializados, los emergentes o los que están en vías de la emergencia y los subdesarrollados. Esta es la verdadera emergencia, con mayúsculas. Si no somos capaces de formar parte de la producción mundial de ese gran pastel, poco o casi nada debemos esperar en el prorrateo de este, como no sean las regalías generadas por nuestros propios recursos naturales. Y es aquí donde debemos seleccionar cuidadosamente a nuestros padrinos o compañeros de viaje, los que verdaderamente vienen a cooperar con nosotros para generar nuestra economía productiva y no solo aquellos que vienen a proporcionarnos infraestructuras con créditos cuasi blandos y a suministrarnos armas. África debe hacer valer igualmente su potencial: su mano de obra y, especialmente, sus recursos naturales. Occidente y los nuevos países emergentes los necesitan. Vienen y vendrán a por ellos. Debemos ser conscientes de ello y rédito tenemos que obtener igualmente de ello, porque esto sí que es economía y no política.

Y, como sostuve en mi libro sobre la pobreza y el desarrollo en el Sur, África está en condiciones de impulsar su propio desarrollo aun cuando sea con tecnología de segunda velocidad. O como dijera Edem Kodjo, ex primer ministro de Togo, «en el cuadro de la política económica mundial, nos tenemos que convencer de que los africanos tenemos medios para crear, con ayuda extranjera o sin ella, nuestra propia riqueza por medio de un desarrollo que dé respuestas a nuestras necesidades». De manera que África en su conjunto, y particularmente cada país africano, cuenta hoy con un activo importante de egresados facultados en las mismas universidades en las que se disciplinaron aquellos que hoy son la asistencia técnica importada que se presenta en África con recetas mesiánicas, por las recomendaciones de las instituciones financieras internacionales. Hago mías las palabras del expresidente de Burkina Faso, Thomas Sankara: «los africanos tienen que osar inventar el futuro». El problema sigue estando pues en el tejado político. Huir de la debilidad y desconfianza en lo nacional es una gran asignatura que superar por nosotros mismos los africanos antes, incluso, de pronunciamientos políticos emergentes. Y es aquí donde África, huyendo de la política de no alineación, siempre reformulando el pensamiento del expresidente de Costa de Marfil Houphouët-Boigny, debe escoger entre ser amigo de la cola del león (Rwanda, por ejemplo) o serlo de la cabeza de un ratón.

Bibliografía

AMIN, Samir. 1974. *Capitalismo periférico y comercio internacional.* Buenos Aires: Periféricos, 2011.

BERGGRUEN, Nicolás; GARDELS, Nathan. *Gobernanza inteligente para el siglo XXI.* Tres Cantos: Taurus, 2012.

BERMEJO, Roberto. *Manual para una economía sostenible.* Madrid: Catarata, 2011.

BERTAUX, Pierre. *África desde la prehistoria hasta los años sesenta.* Madrid: Siglo XXI, 1991.

CASTELLS, Manuel. *Otra economía es posible: cultura y economía en tiempos de crisis.* Madrid: Alianza, 2017.

CBN (Central Bank of Nigeria). *Central Bank of Nigeria Annual Economic Report,* 2014.

CHABAL, Patrick; DALOZ, Jean-Pascal. *África camina: el desorden como instrumento político* (trad. Ronaldo Sánchez y Rogelio Saunders). Barcelona: Bellaterra, 2001.

CUCARELLA TORMO, Vicent. *Economía para un futuro sostenible: claves para entender la economía de nuestro tiempo.* Alzira: Algar, 2018.

DOBB, Maurice. *Capitalismo, crecimiento económico y subdesarrollo.* Vilassar de Mar: Oikos-Tau, 1970.

EICHENGREEN, Barry; RABASCO, María Esther. *La globalización del capital: historia del Sistema Monetario Internacional.* [Barcelona]: Antoni Bosch, 2000.

FERNÁNDEZ-MARTORELL, Mercedes. *Antropología de la convivencia: manifiesto de antropología urbana.* Madrid: Cátedra, 2009.

FMI. *Informe del FMI, World Economic Outlook,* octubre, 2012.

GINER, Salvador. *Sociología,* 2.ª ed. Barcelona: Península, 2010.

HIDALGO, Manuel Alejandro. *El empleo del futuro: un análisis del impacto de las nuevas tecnologías en el mercado laboral.* Barcelona: Deusto, 2018.

KABUNDA BADI, Mbuyi. *Las ideologías unitaristas y desarrollistas en África: del pensamiento único unipartidista al pensamiento único neoliberal.* Barcelona: Acidalia, 1997.

MARTÍNEZ PEINADO, Javier. *El capitalismo global: límites al desarrollo y a la cooperación.* Barcelona: Icaria, 1999.

MATALA KABANGU, Tsimpanga. *La política de desarrollo de la C.E.E. en África en el marco de los convenios de Lome.* Tesis doctoral, 1987.

McKinsey Global Institute. *Informe de McKinsey Global Institute*, 2010.

MIEGE, J. L. *Expansión europea y descolonización de 1870 a nuestros días.* Barcelona: Labor, 1975.

NEMALES, Constant. *Africa 24 Magazine* 1 (enero-marzo).

OCDE. *Perspectivas económicas en África*, 2014.

OIT. *La economía informal en África: promover la transición a la formalidad; retos y estrategias*, 2010.

ONU. *Estrategia Internacional del desarrollo para el tercer decenio de las Naciones Unidas para el Desarrollo.* Nueva York: Naciones Unidas, 1982.

ORAMAS OLIVA, Oscar. *Siempre por los caminos de África.* Barcelona: Wanafrica, 2019.

PREBISCH, Raúl. *Capitalismo periférico: crisis y transformación.* Medellín: Fondo de Cultura Económica/Universidad de México, 1981.

PREBISCH, Raúl. *Los caminos del desarrollo.* Madrid: Catarata, 2014.

PÉREZ CHARLÍN, Juan Manuel. *África en la encrucijada: caminos de la solidaridad.* Madrid: Fundación Emmanuel Mounier, 2001 (Colección Sinergia).

Resumen del pensamiento del presidente Houphouer Boigny. Abiyán (Costa de Marfil): Ministerio de Información.

RODNEY, Walter. *Cómo Europa subdesarrolló a África*. Madrid: Siglo XXI, 1982.

RONDO IGAMBO, Muakuku. *El juego social: moral o conveniencia*. Barcelona: Carena, 2012.

— *Crisis y capitalismo en el tercer mundo*. Barcelona: Carena, 2009.

— *Pobreza, desarrollo y globalización en el sur del Sur*. Barcelona: Carena, 2003.

— *África subsahariana y Occidente: historia de una dependencia*. Barcelona: Carena, 2002.

— «El desarrollo económico de África subsahariana y su dependencia de Occidente». Conferencia de Muakuku Rondo Igambo. Universidad de Alicante, 1998.

— «La cooperación económica y la ayuda oficial al desarrollo»: conferencia de Muakuku Rondo Igambo, ciclo de conferencias de la Asociación Cultural Viyil. Barcelona, 1998.

SALAT, Serge; BOURDIC, Loeiz. *Fundamentos económicos para la urbanización sostenible*. Valencia: Tirant Humanidades, 2018.

SEN, Amartya; RABASCO, Esther. *Desarrollo y libertad*. México: Planeta, 1999.

TELLON, Ángel María. *Política industrial y programa de Ajuste Estructural en África subsahariana*. Tesis doctoral, 1990.

TIROLE, Jean. *La economía del bien común*. Barcelona: Debolsillo, 2018.

Varios autores. *Kwame Nkrumah*. Barcelona: Wanafrica, 2019 (Colección Pensamiento Africano de Ayer para Mañana).

Varios autores. *Thomas Sankara*. Barcelona: Wanafrica, 2019 (Colección Pensamiento Africano de Ayer para Mañana).

Varios autores. *Palabras que cambiaron el mundo: 50 discursos que han hecho historia* (trad. Carme Font Paz). Barcelona: Leqtor, 2007 (El Lector Universal).

VI-MAKOMÉ, Inongo. «El desarrollo, un derecho de todos los pueblos». Conferencia, Palau de la Generalitat (Barcelona). 10/11/98.

«El reparto de África», *África. Revista española de colonización*, núm. 7.